教父ユスティノス

キリスト教哲学の源流

柴田 有
Shibata You

勁草書房

装丁　小川まさえ

はしがき

教父哲学と呼ばれる学問分野が、近年次第に輪郭を見せるようになってきた。教父達の聖書解釈や神学、典礼や修道のなかに、哲学思索が湧き出していることに気付いたからである。日本のアウグスティヌス研究はそういう潮流を代表するものと見られる。しかもこの三十年ぐらいの間に、アウグスティヌス以外の教父やグノーシス主義に関する研究も、驚くほどの勢いで進展してきた。本書はそうした動向を反映している。教父哲学の意義は、今後いよいよ明らかになることであろう。それは哲学史に一章を書き加えるほどの力を秘めていると思う。

本書で取り上げるユスティノスという人は、後二世紀の教父である。後世のキリスト教徒から「哲学者にして殉教者」という尊称で呼ばれた。彼はキリスト教哲学の源頭部に立っている。しかしこの人物を哲学者として描く研究は、これまで極めて手薄であった。「殉教者ユスティノス」の面に関心が偏っていたからである。確かに二十世紀に入ってから、著作のなかに中期プラトン主義の痕跡を見つけ出す試みには、相当の努力が払われてきた。しかし多くの場合、彼の著作に残っているプラトン主義の影響を指摘するレベルに留まっている。固有の哲学思索を読み出す仕事は、本格的にはなされてこなかったのである。そのような研究状況において、哲学者ユスティノス像を彫り出す仕事、それをわたくしは志した。一人の教父の知性に触れることが、われわれの研究の目標である。

この教父の思索を一言で表現すれば、全体知への憧憬と言えよう。彼は当時の中期プラトン主義、ストア派、ユダヤ教、グノーシス主義、皇帝礼拝、魔術、占星術など、ヘレニズム・ローマ期の思潮に抗して立っている。とりわけ対ギリシア哲学、対ユダヤ教の姿勢は印象的である。哲学、思想、宗教の面で、彼はキリスト教の正統性を弁証しようとしていた。そのためにこの人は、「弁証家ユスティノス」と呼ばれることも多い。彼の身辺にはまた、キリスト教徒弾圧の穏やかならぬ雰囲気が漂っていた。そうした情況に身をさらしながら、彼の知性は全体知の眺望に視線を向けていた。神学的な言い方をすれば、キリスト論を包摂する形での神論（非人称的神観）を構築しようとしたのである。

野に咲く花を見れば、そこに花もあれば、葉も茎も根もある。そして一本の草花が生きているということも、われわれは承知している。しかし花は花だけでは生きていない、根も根だけでは生きていない。全体の一部として生きている。とすると、一本の草花にも或る全体性が具わっているのだ。その小さな全体性には、「いのち」の語感がこもっている。これはまた、一人の人間についても類比できることではないのか。そういう全体性を理解したいと思う。全体を知ろうと欲すること、それが人間の本性であろう。

全体知を探求するとはどういうことであろうか。難しい問題である。しかも行く手には様々な障害が待ち受けている。偽りの全体知も存在する。それがどれほど恐ろしいものであるかを、歴史は教えてくれる。全体主義の記憶が、全体知の探求をいばらの道にしている。また科学信仰から生じる一つの結果は、分析の方法の誤用によって、全体性の欠落した部分に迷い込むことである。そこにおいて客観性が得られたと信じることである。現代の考え方にも、そういう病的兆候が認められる。ではユスティノスはどうだったのか。全体知の探求をどのように試みたのであろうか。彼にあってそれは何よりも、人間の全体性の探求であった。人間の全体性を再発見することが最大の課題であった。彼が預言者やキリストの人間像に目を留めたのは、そのためである。

本書の内容を粗い輪郭で示しておこう。全体は二部に分かれる。先ず、ユスティノスが当時のプラトン主義の哲学から脱皮する際の、内的な葛藤と羽化の過程（第一章）。そして、脱皮後の飛翔、すなわちキリスト教哲学の宇宙へと旅立つ過程である（第二、三章）。そういう構成を通じて目指したのは、宗教哲学というあり方を再確認することであった。キリスト教神学の思考から、キリスト教の枠を超えた意味が飛び立つ様を、読者は観察されるであろう。キリスト教音楽の美しさが教会の壁を越えて響いてくるように、である。全体と部分、魂と身体などの課題にたいして、キリスト教哲学のアプローチがどう関るかに注目していただきたい。

次に各章の概要を紹介して、本書の構成を明らかにしよう――、

《序章　教父ユスティノスの生涯、そして思索の足跡》では、ユスティノスの生涯を素描し、彼の著作を紹介する。生涯の描写にあたっては、哲学探究の足跡を前景に配置した。この教父にあって、哲学の探求は若き日に始まっており、それが姿を変えて回心後も持続したのである。この章は本書全体に対する予備知識になっている。

青年時代のユスティノスはいわゆる中期プラトン主義の一学派に身を寄せていた。そこでは「二世界論」という理説が思考を支配しており、彼もその信奉者であったようである。《第一章　二世界論の超克》では、二世界論から脱出して行く思索の過程に光を当てる。その過程は回心の経験と重なっている。彼にあって回心とは、プラトン主義の二世界論に対する批判と克服であり、さらにはキリスト教哲学、あるいは彼の言う「真の哲学」への転機を伴うものであった。

二世界論を踏み越えることによって、ユスティノスの思索は新しい展開を示すこととなる。これがキリスト教

哲学の最初期の姿である。ひとつの問題は感覚的領域の復権というテーマであった（第二章）。二世界論は感覚に捉えられる世界とその知識に対して否定的な評価を下す。感覚的世界を知性的世界の影として位置付けるのである。そういう世界観に対して教父は、感覚的領域の回復を意図した。ここで彼の考察は、（旧約）預言者の解釈という方法に従っている。したがってまた、対ユダヤ教の弁証という側面を具えることとなる。さて、二世界論批判から生じるもうひとつの展開は、身体の再評価による、人間の全体性の回復を目指す議論である（第三章）。この考察はロゴスの受肉の解釈を通じてなされる。またその解釈は、ギリシア哲学のロゴス主義的傾向に対峙している。

今述べたようにユスティノスのキリスト教哲学は、預言者論と受肉論の二本の柱に支えられている。そこで《第二章　預言者の哲学》では、彼の預言者像に光を当てる。預言者達の活動とは、いわゆる「先在のロゴス」が預言者を通じて歴史に介入する働きのことである。その活動の主要な面として、予型と預言の二者がある。それは行為と言葉の二面と言い換えてもよいのである。

《第三章　受肉の哲学》においてはいよいよ受肉のロゴスに焦点をしぼり、ロゴスの全体知の探求に向う。身体となったロゴス、すなわちキリストにおいてロゴスの全体性が発現するとすれば、その意味は甚だ大きい。なぜならロゴスは人間の魂だけでなく、身体にも宿るということをそれは意味しているからである。人間身体の肯定的評価が、そこから始まるであろう。身体の再評価を通じてなされる、人間の全体性の回復がここに基礎付けられる。

本書の研究は、およそ以上の構成に沿って進む。その目標はキリスト教哲学の、最初期の様相を解明することである。すなわちキリスト教哲学の成立過程を描写し、同時に、哲学思索の内奥に光を当てたいと思う。その内容は全体で四章に分かれている。章を追って、全体知の新しい眺望がひらけてくるような配列になっている。ただし各章の最終節は、やや専門性の高い議論と感じられるかも知れない。だからもし難しければ、最終節は飛ばして、次章に進まれることをお勧めしておく。(なお巻末の文献表には、ユスティノス著作の日本語訳が挙がっている。適宜参照していただけるなら、本書を読む上での一助になることと思う。)

本書は日本語の著作であって、日本語の読者を念頭に置いている。日本の社会と文化にとって意味のある仕事にすること、それこそ、執筆に際して第一に心掛けてきたことである。無論、欧米の学界と対話することを忘れている訳ではない。それも大事だろう。だが、海外との交流は次の段階でやればよい。誤解のないように言っておくが、これは排他的な思想を述べているのではない。わたくし自身、欧米の学問で育っている。本書を書きながら参照したのも、ほとんど欧米の文献である。ただそれだけに、ついつい外国の学者と共同研究をしているような気になってしまう。だから自分が誰に向って書いているのかを、執筆の途中で何度も思い出す必要があった。われわれにとって、教父の研究は文化受容の一形態なのである。教父達の知的遺産を日本にどう受容するか、それが結局は問題になるであろう。そして受容である以上、受け皿の文化が何かを意識せずにはいられない。そういう執筆の姿勢を了解していただければ幸いである。

わたくしには、一人の著者を多面的に研究する学風が似合っているようである。テキストの校訂も、テキストの翻訳も註解も、伝記研究も、思想や哲学の解明も一人で担当するのである。もちろんそれは理想であるから、実際にはその内の二つか三つしかできない。以前「ヘルメス文書」の研究に取り組んだ時にも、不十分ながらそれを心掛けた。内外の研究者のなかには、こういうタイプの学者を時々見かける。それがひとつの流儀になっているのかもしれない。ただこういうやり方の欠点は、どこかで手薄な面が出やすいことである。それに、視野が狭いと誤解されることもある。しかし長所もある。対象とする思想家の全体像を目指す点である。中期プラトン主義の哲学者達が、この点で反面教師になる。彼らはプラトン著作の「語録」やプラトン哲学の「要綱」を作り、それに依拠していた。そしていつの間にかプラトンの思索から逸れて行ったのである。

この本はわたくしにとって初めての哲学著作である。長い年月がかかってしまった。執筆に時間がかかったと言うより、哲学とは何かをずっと考えていたのである。教父の文章を読みながら自己と交わした対話、それが本書の伏流をなしている。己に尋ね、己に聴きながら考えてきた。もちろん、それだけだと言うのではない。問題に直面した時、当時の哲学著作や文学が参考になる。また現代の研究も視野に入れなければならない。そうした文献研究だけでも時間をかけて調べ、益を受ける。さらにまた、多くの人々と交わした会話は得がたい示唆となっている。だが最終的には、自分が当事者になって問題と取り組むしかない。考えるということは、結局、自己との対話であると思う。考えることの苦楽を味わうのも、そこにおいてである。そういう時間を十分に取れる生活ではないが、それでも、電車のなかでも、考察の糸口が見えてくることはある。

遅々たる歩みの行程だが、それでもここまで来れたのは多くの人々から支えられたお陰である。ほとんどの場合、それは意図された支えではなかったように思う。ある会の席上でなされた発言が記憶に残り、数年後に、その種が自分の内で発芽したこともある。もちろん御本人はそれをご存知ないであろう。そういう人間の輪を土壌にして、本書は発育した。今では会うことのできない方々を含め、先ず、そういうすべての人々に感謝の意を表したい。今年で三十周年を迎える教父研究会、研鑽の思い出も懐かしいアウグスティヌス研究会は、記憶の一端を飾っている。

次にわたくしの教父研究の道標となった先達のお名前を記し、感謝の気持ちを書き留めておきたい。大学院に入学したばかりの頃、ユスティノス研究を勧めて下さった荒井献先生。教父哲学という肥沃な大地に手引きをして下さった、加藤信朗先生。長年にわたってアウグスティヌスを一緒に読んで下さった、加藤武先生。それからまた、本書の準備の段階でいただいた、編集および実務面での協力は本当に有り難かった。そうした目立たぬ支援がなかったら、本書は到底生れていない。この数年来、文書作成の忠実な秘書役を務めて下さった割田友紀さん。『グノーシスと古代宇宙論』以来お付き合いいただいている、編集者富岡勝さん。このお二人にたいする感謝は言葉にならない。

一冊の本が出来上がるまでには、実に多くの手間を要する。校正の仕事はそのひとつであって、手抜きをすれば取り返しのつかない結果になることがある。妻美々子と柴田崇さんとは、この面での心強い協力者であった。また、学術書の利用価値を高める索引作りの仕事は、すべて関戸詳子さんが担当してくれた。それぞれ貴重な時間を割いて、本書の完成のために惜しみない努力を払って下さった。

最後になったが、本書の研究に様々な便宜を図ってくれた明治学院大学、及び同大学図書館にたいし感謝申し上げる。担当者達の熱意と制度面の支えがひとつになって、執筆の負担を少なからず軽減してくれた。

二〇〇六年晩冬　大磯にて

柴田　有

教父ユスティノス

キリスト教哲学の源流

目次

目次

凡例

略号・記号

『一弁』『二弁』『対話』……ユスティノスの著作名略号。それぞれ『第一弁明』『第二弁明』『トリュフォンとの対話』を示す。

聖書、外典偽典等の略号……『旧約新約聖書大事典』（教文館）の略語表参照。

引用

聖書……ユスティノスの聖書引用箇所を訳出する場合、訳文はなるべく日本聖書協会刊「聖書」（新共同訳）に添うことを心掛けた。

ユスティノス……教文館版『キリスト教教父著作集1　ユスティノス』を参照した。その他新規に訳出した場合も少なくない。

固有名詞の表記（人名・地名・神名・著者名・著作名など）

聖書、外典偽典、フィロン、ヨセフスなどの関係……前記新共同訳聖書あるいは『旧約新約聖書大事典』（教文館）に準拠して表記した。

教父の関係……前記教父著作集の表記などに準拠した。

その他の古典文学関係……『大百科事典』（平凡社）に準拠した。

序　章　教父ユスティノスの生涯、そして思索の足跡

前一四六年カルタゴに勝利し、地中海の制海権を手にしたローマは、その後軍事力による領土拡大の道を突き進んだ。また領土拡大に伴って、辺境の防備を目的とするローマ植民都市の建設が、地中海世界の各地で進められた。前一世紀から始まる都市開発により、西ローマ帝国滅亡の日までに、領域内五千六〇〇余りの都市が数えられた——今日のヨーロッパ都市の起源である。こうして急激に出現した都市群はまた、稠密な交通網によって結ばれていた。高度な技術を誇る道路網が都市間の連携を約束し、さらに、発達した地中海の海路と内陸の河川路が連絡を密にしていた。それによって軍隊と商品の移動が容易となり、古代の資本主義とも呼ばれる広域の商業圏が展開していたのである［地図］。

軍隊と商品が行き来した交通網をキリスト教も通って行った。ミラノの勅令以前には、キリスト教が色濃く伝播した地域はシリア・パレスティナ地方と小アジアであり、さらには、交易の要所に立地する新旧の都市であった。キリスト教の伝播と呼ばれる歴史事象である。古代キリスト教文学、とりわけ行伝文学には、信徒達の宣教

ローマ帝国の最大版図（トラヤヌス帝の時代）

の熱意が伝えられている。発掘に基づいて再現された当時の都市計画図を見ると、神殿が、都市生活の中心をなすフォルムに面して建っている。帝国の伝統宗教の祭儀場である。だが後世には、都市の中心から外れた位置に、いかにも新参者という感じでキリスト教会が姿を現す。

後二世紀になるとキリスト教は帝国内にますます波及した。しかし三一三年のミラノの勅令までは、キリスト教を非公認宗教とする帝国の政策は基本的に変らなかった［年表］。この時代の教父ユスティノスは、自分達の信仰が「全人類」に広まっていることを、再三強調している。またカルタゴのテルトゥリアヌスは、「殉教者の血は教会の種子だ」という言葉を、ローマの権力にたいして吐いたのである。教父達の言葉に多少の修辞を感じはするが、その語調からキリスト教伝播の勢いを察することができる。ただし当時のキリスト教徒は、大多数が無教育の大衆層出身者であった。またキリスト教にも様々なタイプがあった。

ローマ帝政の始まり（前 27～）

0

アレクサンドリアのフィロン（前 20 頃～後 50 頃）

ネロ帝（在位 54～68）

100 年

トラヤヌス帝の征服により，ローマ帝国領が最大に（117）
教父ユスティノス（100 頃～165 頃）

アントニヌス・ピウス帝（在位 138～161）

マルクス・アウレリウス帝（在位 161～180）

200 年

教父オリゲネス（185 頃～253 頃）

300 年

ディオクレティアヌス帝，キリスト教徒に対する大迫害を企てる（303～306）
コンスタンティヌス大帝，ミラノの勅令によりキリスト教を公認（313）
ニカイア公会議（325）

東西ローマ帝国の分割統治（395）

400 年

教父アウグスティヌス（354～430）

西ローマ帝国の崩壊（476）。東ローマ帝国＝ビザンツ帝国は存続（～1453）

A.D.

ローマ帝政期の流れ

ユスティノスはアントニヌス・ピウス帝とマルクス・アウレリウス帝の治下に、ローマで活動した人である。しかしキリスト教徒を取り巻く大衆心理は、必ずしも好ましいものではなかった。無神論、人肉食、性的乱交のレッテルはキリスト教のイメージに常に貼り付けられていた。また宮廷の周辺にも、キリスト教に対する反感が漂っていた。『自省録』のマルクス・アウレリウス帝は、自身のストア的な平静心の理想に照らして、キリスト教徒の言動を熱狂主義的な態度と感じていた。またアウレリウス帝のラテン語教師であったフロントも、無神論、人肉食等のキリスト教観を抱いていたと伝えられる。さらにアウレリウス帝の侍医であった医学者ガレノスは、キリスト教批判の文章を残している。そうした雰囲気はユスティノスの殉教を、何らかの仕方で準備したものと思われる。

プラトン主義の陣営にも、キリスト教の教えに疑義を唱える風潮があった。この時代のプラトン主義は、アカデメイアを拠点とする古プラトン主義の時期を過ぎている。ストア派の影響を色濃く残した、いわゆる中期プラトン主義の時期に入っており、地中海世界の各地に学派が形成されていた。その一人、二世紀のケルソスは『真理の教え』という著作のなかで、キリスト教の教えが非合理的であるという批判を展開した。この書物は三世紀の教父オリゲネスの眼に留まり、よく知られている通り、彼は『ケルソス駁論』という大著によって再批判を企てたのであった。ケルソスが念頭に置いていた論敵は、かつてプラトン主義の一学派に属していた教父ユスティノスであったと言われている。

そうした情況を反映して、キリスト教知識人のなかからキリスト教徒を擁護する言論が生れた。また、より積極的な姿勢で、ローマ帝国の文化的な後継者の地位を目指す人々が現れた。しかも、哲学の場でキリスト教の教えを語り直すという、創造的な思索も芽生えていたのである。彼らは弁証家と呼ばれ、主として二世紀に輩出する。十指を下らぬ名が知られており、アリスティデス、アテナゴラス、ユスティノスとその弟子タティアノス、アンテオケのテオフィロス等がいる。

1　生涯と著作

ユスティノスという人は、初代教父の一人、生没は後一〇〇年頃―一六五年頃とされる。二世紀に輩出する弁証家の代表的存在である。しばしば「哲学者にして殉教者」の肩書きを添えて呼ばれる。彼はソクラテスを愛し、キリストを信じた。ソクラテスはキリスト教徒であり、預言者とキリストは真の哲学を教えたのだと、主張している。ソクラテスもキリストも殉教者であり、彼みずからもその列に加わった。プラトン主義的キリスト教の源流をなす人であると言えよう。しかしそれは、当時の地中海文化にたいしてしばしば評される、いわゆる混交主義（シンクレティズム）の水準にとどまるものではない。聖書の教えをギリシアの教養で飾ったような、うわべだけのキリスト教哲学で護教運動を展開したのではない。聖書解釈と哲学とは、彼にとってひとつの思索であった。プラトン哲学の遺産を継ぎながら、聖書において新しい探求の場を拓いたこと、ここに彼の意義がある。

生涯

ユスティノスはシリア・パレスティナの都市フラヴィア・ネアポリスの出身で（『一弁』一・一）、一説ではエペソで回心し、ローマで哲学学校を開設し、この地で殉教の死を遂げた。ローマで校長となる以前は、教会の巡回教師のような仕事をしていたらしい。この生活形態は、二世紀の哲学者・雄弁家が、町から町へと放浪しながら教師生活を送っていたのに近い。つまり彼は教会の司牧者というより、教師のタイプの人であった。こうして、きわめて古いキリスト教の学校を、帝国の首都に創立したのである。当時教師と呼ばれる人々が多く著作家であったように、ユスティノスも著作を残している。しかも相当多作であった可能性が高い。彼はギリシア語で書いた。その表現は時により荒削りのままであり、単調に聖書の引用を続けるだけのこともある。けれども著作の構成に論理的脈絡が欠けているわけではない。もっともこの点は、教父の思索の跡をどこまで見失わずに追って行けるか、と当然関係する。ともかく、粗末な装いの下に知性の輝きを隠すことが、この人の好みであったと言えようか。

　自身の過去を振り返って彼の述懐するところでは、若き日に哲学に熱中し、ストア派、ペリパトス派、ピュタゴラス派、プラトン派を遍歴し、この探求が回心に至る道程をなしていたと言う（『対話』二・三―六）。同時代の作家ルキアノスが『メニッポス（または陰府下り）』四―六で描いている哲学遍歴談との並行性を考慮するなら、ユスティノスの言葉が、一定の文学形式に従っていることは疑いえない。それは、様々な学派を遍歴したが、学派相互の矛盾に気付いて、結局、どれひとつとして信頼に価するものではないと悟る、といった形式である。しかし文学形式を採用していることは、必ずしも虚構であることを意味しない。彼の他の著作内容に照らして、哲学の探求がそのまま求道の過程であったこと、および回心の時期に、プラトン学派との強い関わりがあったことは（『二弁』一二・一）、少なくとも確実と考えられる。

　回心の正確な時期を知ることは困難であるが、バルコクバの反乱（一三二―一三五年）より以前であることは確認できる（『対話』一・三、九・三）。エウセビオスは回心の地がエペソであったと報告している（『教会史』Ⅳ一八・六）。当時彼はプラトン主義を信奉していたが、ある日海辺で不思議な老人と出会い（『対話』三）、老人との対話を通じて回心に導かれることとなる——この出会いについても歴史性が問題視される。老人はユスティノスに対し、あらゆる哲学の書物よりも預言者の書を読むことを勧め、そこには哲学者の学ぶべき一切の事が記されていると告げたのである（同七・二）。やがて彼は照明を経験し、キリスト教こそが確実で有益な唯一の哲学であると確信するに至った（同八・一）。回心に至る頃の情況については、さらに後述する。——本書第一章一節参照。回心後のユスティノスは、哲学教師を職業とし、そうした生活を送っていたと言われる。実際、『トリュフォンとの対話』の冒頭では、自身を哲学教師の身なりで登場させている。またエウセビオスは、論争と執筆に明け暮れる、ローマ在住期のユスティノス像を描いており、彼が哲学者の服装で活動していたと、語っている（『教会史』Ⅳ一一・八）。

《「哲学者の身なり」について》

『トリュフォンとの対話』という著作は、人々の出会いの情景で始まっている。トリュフォンというユダヤ人が、「哲学者殿、おはよう」と言って、作中のユスティノスに声を掛けたと言う。そういう舞台設定なのである。初対面の人が気兼ねなしに挨拶できたのは、ユスティノスの衣服で、哲学教師の職業に気付いたからである（一・二）。さて、このユスティノスは著者と同一人物である。したがって著者ユスティノスは、自分がそうした身なりで活動していたことを、読者に告げようとしたのであろう。教父は哲学者の外衣をまとって町を歩いていた。この記事を事実と受け取るとすれば、はなはだ興味深い話である。古代キリスト教徒のなかには、哲学教師を職業とし、そういう服装で生活する人々が存在し

トリボーンをまとったギリシアの哲人，座像（ルーヴル美術館所蔵）．トリボーンはドーリア風の厚手の衣服で，羊毛製．若者達や貧しい階層の人々に用いられ，質素な身なりとされた．ギリシアの哲人達は，そして恐らくソクラテスも，これを着用していたのであり，つつましい生活の証となっていた．やがてトリボーンは外観だけで哲学教師を示すしるしとなり，その習慣はローマ帝政期にも存続した．Ch. Daremberg, E. Saglio, *Dictionnaire des antiquités grecques et romaines d'après les texts et les monuments*, 1877-1919, V.

たのであろうか。残された証言を見てみよう。

後二〇〇年前後の作とされる『パッリウムについて』は、著者テルトゥリアヌス（または偽テルトゥリアヌス）がローマ市民の服装であるトガを捨てて、ギリシア風のパッリウムを着用していたことにたいする、弁明の書である。それは公的な生活から退いて哲学の研究に向うことを意味していた、と言う（六章）。また教会史家エウセビオスは、哲学者の身なりで生活していたキリスト教徒の例を、二、三紹介している。その一人はアンモニオス・ザッカスを哲学の師とする、アレクサンドリアのヘラクラスという人であった。教会の長老の地位にあったがそれまでの服装を捨てて、哲学者の服装を着用していたのである（『教会史』Ⅵ一九・一四）。エウセビオスはこの他にも『パレスチナの殉教者』のなかで、パレスチナの二人の殉教者の名を挙げ、それぞれに哲学者の身なりをしていた点に注意を向けている。このように教会史家の当時には、キリスト教徒の哲学者は、そういう外見をしていた。それは決して例外的なことではなかったのである。
そもそも古くから、ギリシア、ローマ社会の哲人たちはギリシア語で〝トリボーン〟（τρίβων）と呼ばれる服装に身を包み、自分達の職業を人々の目に示していた［図版］。その習慣にはユスティノスも言及しており（『一弁』四・八）、また彼と同時代の風刺作家ルキアノスは、当時の哲学者達が外見でそれと分かる身なりをしていたと言っている（『漁師』三一）。それは日常の風景であったようである。そしてこの人々のなかには、キリスト教に改宗する例も見られたのである。そうした経歴を辿った人々、つまりキリスト教徒の哲人達は、哲学者の外套を回心後もそのまま着用していたようである。ナジアンゾスのグレゴリオス（ミーニュ版PG, 35, 1200）やアウグスティヌス（『神の国』一九巻一九）は、哲人達が回心前にも職業上の服装を続けることに、何も問題はないと言っている。ただし、ユスティノスが回心前にも職業哲学者の服装をしていて、回心後も同じ服装をしていたかどうかについては、確認の手立てがない。

晩年、彼の活動の舞台となったのは帝国の首都ローマである。この時期の作である『第一弁明』の執筆年代から推定すると、ローマ移住は、早ければ一四八年以前、通説では一五〇年頃とされる。この町で哲学の学校を創設し、校長としてキリスト教の教えを教授した（エウセビオス『教会史』四・一一）。弟子のなかにはタティアノスやスミルナのイレナイオスがいたと言われる。住居はティミオティノス浴場（またはティモティノス浴場）の近隣にあった（『聖ユスティノスと信徒たちの殉教』二—三）。三世紀になってオリゲネスがアレクサンドリアに教校を開いた時代と異なり、二世紀中葉においては、知られる限りこれが唯一のキリスト教学校であった。授業内容は当時一般の方法に従って、教師が問題を出し、受講者がそれについて討論する形式のものであったらしい。その種の対話は、『二弁』三・四―六にも反映していると見られる。現存する三つの著作『第一弁明』『第二弁明』『ユダヤ人トリュフォンとの対話』は、ローマ生活のなかから生れた。

ハドリアヌス帝統治の最後の時期と、アントニヌス・ピウス帝（一三八―一六一年）の時代は、教会にとって一時的安泰の季節であった。ユスティノスがローマでキリスト教の授業を行うことができたのも、こうした情況と無関係ではなかったはずである。とは言えキリスト教の信仰を公的に告白すれば、死刑によって罰せられるという法的事情は、変らずに続いていたのである。実際、彼の活動はやがて他勢力との摩擦を引き起し、官憲の眼にもとまるようになる。そこからどのような危険が生じるかを、ユスティノスは正確に予期していた（『二弁』三・二）。『聖ユスティノスと信徒たちの殉教』によると、彼の殉教はマルクス・アウレリウス帝治下、ユニウス・ルスティクスがローマの都警長官であった時のことである（一六三―一六七年）。ルスティクスの判決文は次の内容のものであった。「神々への犠牲を望まず、皇帝の勅令に従うことを望まぬ者は、法に従い、連行し笞打って斬首の刑に処すべし」（同書五章）。なお、殉教を一六五年のこととする資料もある。

《ローマ皇帝の権威に対して》

ローマの支配権力に対し、教父のとった立場はどうであろうか。殉教の事実からすれば、反ローマの対決姿勢を想像しやすい。しかし、この面でひとつだけはっきり言えることがある。教父はローマの支配体制に対し、必ずしも否定的な態度で臨んだわけではない。彼の著作には、ローマ軍の侵攻を肯定的に評価する言葉が見られる。ローマの進軍はロゴスの宇宙論的支配を示す事象だ、と言うのである（『一弁』五五・六）。またローマ皇帝に対しても、その政治権力を否定しはしなかった。〝キリストかカエサルか〟ではなく〝キリストもカエサルも〟の路線をとった。しかし、キリストとカエサルが同列だと言うのではない。体制の頂点に立つ皇帝の頭上に、さらに上位の者としてキリストを位置付けようとした。もちろん、そういう序列関係を露骨に表明したりはしない。しかし聖書の言葉に託して、遠回しにそれを主張するのである。例えば、「詩篇二四篇七―一〇節（七十人訳）」に触れてこう言う――、キリストが昇天する時、天の「支配者達」に天の戸を開くように命じ、天に入ると神の右に座して、支配者達を従えるのだと（『対話』三六・五など）。このようにキリストとカエサルは、宇宙論的構造のなかで上下関係を定められている。ここで、「支配者達」はキリストに従う位置に立っている。キリストはロゴスであるから、ローマ皇帝といえども、ロゴスに従って統治すべきだ、と言いたいのであろう（『一弁』二・一、六八・一）。この格付けは、皇帝をそのまま神とし神帝とするのではなく、神の恩寵によって選ばれた代理人とする思想に繋がる。後にコンスタンティヌス大帝期に教会史家エウセビオスによって確立された、いわゆる神寵帝理念の先駆と言えるかもしれない。

ユスティノスの生涯について参照しうる資料は限られており、比較的乏しい知識しか得られないことが多い。その主要なものを三点、ここに挙げる。（一）現存する三著作において自身の生涯に言及している箇所、（二）三世紀の作と言われ、史的信憑性を有する『聖ユスティノスと信徒たちの殉教』（Martyrium Sancti Justini et Sociorum）という表題の殉教伝――『キリスト教教父著作集22』「殉教者行伝」所収、（三）教会史家エウセビオスの証言。

著作と写本

ユスティノスの著作原本はもちろん散佚していて存在しない。しかし、彼の著作は写本によって今日に伝えられている。その内『第一弁明』『第二弁明』『トリュフォンとの対話』の三著は、真作である。その原文を確定するためには、さらに校訂を要する。テキストの校訂は、現存の諸種資料（写本など）の照合を経てなされなければならない。彼の原文を確定する方法は、聖書などの場合に比べて単純である。校訂に役立つのは、一四世紀のギリシア語写本 Codex Parisinus Graecus 450（記号Aで示される）一巻のほかに、古代教父たちの証言だけである。A以外にも数巻の写本が知られているが、テキスト校訂上の価値は乏しい。

様々な証拠から見て、ユスティノスはかなり多産な著作家であったと推定される。しかしわれわれの手に伝えられているのは、その内の僅かに過ぎない。一方、写本Aなどが彼のものとしている著作の、かなりの部分は明らかに偽作である。こうした証拠状況のなかでユスティノスの著作リストを作製しようとする場合、用いることのできる主要資料は、エウセビオス『教会史』Ⅳ巻一八章である。この他には、散在するいくつかの証言が参照できる。エウセビオス等の残している証言の研究から、真作であることに疑いがなく、しかも今日に伝存する著作三点と、散佚したが恐らく真筆と考えられる七点以上を列挙することができる。それを以下に一覧しよう。

〔伝存する著作〕

（1）『第一弁明』または『アントニヌスに宛てたキリスト教徒のための弁明』または『弁明』。ラテン語表記は、Apologia Prima.

（2）『第二弁明』または『ローマ人元老院に宛てたキリスト教徒のための弁明』または『補遺』。ラテン語表記は、Apologia Secunda. 本書の四・二、六・五、八・一、九・一には、『第一弁明』への言及が見られる。

（3）『トリュフォンとの対話』または『ユダヤ人トリュフォンとの対話』。ラテン語表記は、Dialogus cum Tryphone Judaeo. 本書の一二〇・六には、『第一弁明』への言及が見られる。

〔散佚した著作〕

（1）『復活論（Περὶ ἀναστάσεως）』

（2）『全異端反駁（Σύνταγμα κατὰ πασῶν τῶν γεγενημένων αἱρέσεων συντεταγμένον）』……『一弁』二六・八参照。エウセビオスによれば、『マルキオン反駁』という冊子もユスティノスの手になったことが知られるが、本書の一部であったのかも知れない。

（3）『ギリシア人への言葉（Λόγος πρὸς Ἕλληνας）』……失われた写本Fは同名の著作を伝えているが、別作である。

（4）『ギリシア人への勧告』……エウセビオスによると『駁論（Ἔλεγχος）』とも題した。写本Aに収録されている Sermo paraeneticus ad Graecos とは合致しないと見られる。

（5）『神のモナルキア（Περὶ Θεοῦ μοναρχίας）』……写本Aに収録されている『モナルキア論』Liber de

Monarchia はユスティノスの真筆によるものではないと考えられるが、にもかかわらずその内容は、エウセビオスの本書にたいする紹介と通じる所がある。

(6)『Ψάλτης（箏曲家または吟唱者）』……エウセビオスの言及によってのみ知られる。

(7)『霊魂論』

(8) その他……エウセビオス以外の教父たちによる言及ないし引用から、数点の著作名がうかがわれる。しかし確認は概して困難である。

2　現存三著作の整合性

前節で紹介したように、ユスティノスは多作の人であったと見られる。しかし今日彼の名で伝えられる著作群のなかでは、『第一弁明』『第二弁明』『ユダヤ人トリュフォンとの対話』の三作だけが真筆と考えられている。したがって教父の哲学思索を研究する際にも、もっぱらこの三作に依拠して、その哲学を再構成するのである。そうした研究を進める際の一般的な注意事項として、忘れてはならないことがある。例えば、三著作以外には何も言っていないと考えてしまう落とし穴がある。もちろんそういう判断は正しくない。問題の点について、散佚した著作のなかに、現存三著作よりもっと充実した考察が展開していたかもしれぬからである。ただし逆に、散佚した著作には十分な説明があったはずだという仮定から出発して、教父の文章に読み込みをする態度も間違っている。やはり、先ず真筆三著作を土台として、たとえわずかな量の段落であっても、そこから出発するのがよいのである。真筆三作の名を挙げる時には、そうした点に、注意しておきたい。

このことを前置きにして、ここではまず三著作の概要を示そう。その上で、整合性の問題に目を向けたい。三者は思想内容の点で整合していると考える、その根拠がそこで明らかになる。これによってわれわれの議論から余計な詮索を省くことができる。というのも本書のなかには、その意味での整合性を暗黙に前提し、論証を進めている段落が少なからずあるからである。例えば、論証の裏付けとしてユスティノスの言葉を引用する際に、『一弁』と『対話』からいくつかの文章を引いて、並列しているところがある。その場合もし、執筆年代の違いや思想的変遷といったことを考慮すれば、無造作に引用を並置するのは、二著作それぞれの個性を無視する態度と思われるかもしれない。にもかかわらずそうするのは、当該文脈の限りで、著作と著作の間に基本的な整合性があると判断したからである。言うまでもなくそれは、両著作の間にあらゆる点で思想内容の合致が見られるという意味ではない。「整合性」という言葉で言いたいのは、哲学的な基本問題に関して教父の思考が一貫しているということである。この点の議論に入る前に、あらかじめ真筆三著作の概要を見ておきたい。

『第一弁明』と『第二弁明』の二者は、ローマ公権力によるキリスト教徒弾圧が動機となって起草された、教会と信徒のための弁明の書である。著作の意図は、当時の宮廷周辺や知識人階級にたいし、キリスト教をギリシア哲学に並ぶ真の哲学として提示することであった。それによってキリスト教の品格を高め、キリスト教徒にたいする理不尽な抑圧政策を改めさせようとしたのである。次に『トリュフォンとの対話』という著作は、対話ないしは対論という舞台設定で書かれている。そこでは著者ユスティノス自身とヘレニズム・ユダヤ教の知識人トリュフォンとが交わす、会話が繰り広げられる。旧約聖書の様々な記事を取り上げてはその解釈をめぐり、二人の論争が展開する。それがこの対話編の主体部を成している。しかし最初の九章からなる「序文」は、プラトン主義者ユスティノスがキリスト教に回心するいきさつを伝える文章であり、対話の主体部とは趣きを異にする。

『トリュフォンとの対話』序文は、精彩に富む文体が読者を惹きつけるばかりでなく、哲学史の上でも忘れえぬ情景となった。それはプラトン主義とキリスト教の決定的出会いを記録する、最古の史料のひとつだからである。

真筆三著作の概要を念頭に置いて、ここから整合性の問題に進みたい。『第一弁明』と『第二弁明』の整合性については、大きな問題はない。弁明二著作の間には、むしろ緊密な一体性が見られるのである。先ず、両者の宛て先が一致している。つまり同じ人々を、読者対象として想定しているのである。すなわちアントニヌス・ピウス一族（マルクス・アウレリウスもここに含まれていた）と、ローマの元老院がユスティノスの念頭にあった宛て先と考えられる[(1)]——教文館版『キリスト教教父著作集1　ユスティノス』、一七八—一八〇頁参照。宛て先の一致に加えて、弁明二著作は執筆年代が近接している。この点については別の機会に論じてある（同一七五頁以下）。

さらに思想内容の面から見ても、弁明二著作は順接しているのみならず、『第二弁明』は、『第一弁明』の補遺の位置に立つものと見られる。その根拠となっているのは、次の事実である。『第二弁明』において著者は、「前述の……」という短い定式で『第一弁明』に言及している。例えば『第二弁明』にある「前述のヘラクレイトス」（八・一）という句は、この書のなかには対応する文言がなく、『一弁』四六・三を指しているとしか考えられない。このように何の断りもなく、「前述の……」の一言で『一弁』の該当箇所を指示しえたのである。このことは、両著作が一連の執筆から生れたものであること、また、両者を一体の書物として読むべきことを教えている。同様の指示は、次の例にも見られる。

『二弁』四・二（神はご自身にふさわしく倣い行う者を喜ばれ）から『一弁』一〇・一へ。

『二弁』六・五（このかたは、神にして父なるかたの意志に従って……人間とさえなられた）から『一弁』

二三・二、六三・一〇、一六へ。
『第二弁明』の著者が「前述の……」という定式で『第一弁明』に言及しえたという事実は、このように両著作が内容上一体であり、本論と補遺の関係に立っていることを含意する。しかもこの事実はもうひとつのこと、すなわち両著作の執筆年代が近接していることも示唆する。読者の側に立って考えてみれば、「前述の……」という指示を見て『一弁』へ遡れるとすれば、それは時間的に十分近くなければならないからである。

「前述の……」というような文面上の指示に加えて、両著作の間には、内容の面でも通じ合うものがある。ロゴス・キリスト論の趣旨やストア派に対する批判の姿勢が、両者の間で通底しているのである。このことは、本書における様々な局面で確認することとなろう。したがって以上から、『第二弁明』を『第一弁明』にたいする補遺の位置に置くことには、特に問題はないと言ってよい。

次に移ろう。弁明二著作と『トリュフォンとの対話』との整合性はどうであろうか。弁明と対話という文学ジャンルの違いにもかかわらず、その間には、一貫した思索の水脈が流れているのであろうか。この問題は、少々立ち入った検討を必要とするようである。本節の始めに著作の概要を示してあるので、それを振り返りながら考えてみよう。そこで紹介したように、『トリュフォンとの対話』は、弁明二著作と内容上相当に隔たっている。弁明二著作において議論の前景に登場するロゴス・キリスト論は、『対話』に至るとほとんど姿を消してしまったかのようである。また『対話』は、著作の基本テーマという点で、弁明著作と異なる方面に議論を展開している。すなわち弁明二著作は、ヘレニズム・ローマ世界に宛ててキリスト教が真の哲学であることを論じ、それによってキリスト教の立場を弁明しようとする。これに対して『トリュフォンとの対話』は、ヘレニズム・ユダヤ教の文化圏に対峙している。それは、聖書解釈の長い伝統に根ざした文化である。こうして聖書解釈をめぐる、対ユダヤ教徒の論争が著作の大部分を占めることとなる。その結果『トリュフォンとの対話』は、先行する弁明二著作とかなり異なった様相を示すのである。しかしながら、この対話篇を執筆した時代のユスティノスは、弁明著作を忘れてはいなかったように見える。ある一節では、『第一弁明』に触れているらしく思われる。その箇所で、グノーシス主義最初期の指導者シモン・マゴスへの崇敬を非難し、そのことは文書で時の皇帝に上奏したと述べている（一二〇・六）。この言葉は『一弁』二六・二―三、五六・一―二への言及と考えられている。それが散佚した著作への言及ではないとすれば、この判断に従ってよいであろう。

弁明二著作との整合性を問題とするためには、宗教哲学の観点から、『トリュフォンとの対話』を見直してみる必要がある。哲学思索の実質は、『弁明』から『対話』へと途切れずに通じているのであろうか。それとも断絶をこそ認めるべきなのであろうか。この観点から検討を進めてみると、テーマや構成、文学形式等の違いにもかかわらず、両者の間には宗教哲学の根幹に関わるいくつかの共通点が見えてくるのである。ここではその結論を数点書き出してみよう――、

（イ）回心において、真の哲学すなわちキリスト教の教えへと向った、という自覚。すなわち哲学遍歴の果てにキリスト教に帰依し、哲学を放棄したのではなかったという点。これは教父の言葉の不滅の源泉である。

（ロ）真の哲学とは、弁明著作においても『トリュフォンとの対話』においても、預言者の言葉と行為に対する解釈を基軸とするものである。したがって旧約の預言および予型の研究は、真の哲学にあって思索の牽引力となっている。真の哲学は、「預言者の哲学」と呼んでも過言ではない。その意味での預言者の重視が、弁明著作から対話著作へと明確に引き継がれている点。

（ハ）ロゴス・キリスト論が『対話』にも認められる点。弁明二著作の中で中心的な意義を有するロゴス・

キリストは、『対話』においても重要な役割を担っている。確かに「ロゴス」を名指す言葉は、『対話』の文面を見る限りでは、少なくなっている。しかしその意義は少しも減じていない。なぜなら預言の言葉の発話者は、ここでも、ロゴス・キリストだからである（一四一・二、一二八・二）。ユスティノスにあっては、これが思索を導く糸となっている。預言者の哲学はそこから生れたのである。預言の言葉は人間の口からではなく、ロゴスから人間を通じて語られる。そのような言葉は人間の言葉に先行するものである。そのような言葉を認めるということは、人間世界の外からの声を待ち、それを聞こうとする態度を意味する。

（ニ）思索の究極の目標がキリスト論にではなく、キリスト論を包摂した形での神論に置かれている点。つまりキリスト論を経て神論の形成に向う意図が、この教父には一貫して見られる。このことは預言者の重視（ロ）と深く関っている。

以上の諸点で、教父の哲学の基本路線は途切れることなく続いている。詳しい議論は省いたが、ユスティノスの宗教哲学を研究する際には、少なくともここに挙げた点に関して、現存三著作を、様々な位相差を忘れることなく同等に扱ってよいと考えるのである。弁明二著作から『トリュフォンとの対話』へと、同じ水脈が流れている。

（1）　もっともこの宛て先については、微妙な問題がある。すなわちユスティノスの意図はもっと別のところにある、と考えることもできる。皇帝を頂点とする最高権力層に宛てたものだということを人々に示して、何らかの別の効果を狙う意図がユスティノスにあったとも想像できなくはない。しかしこの考えはあくまで推測にすぎず、歴史上、文献上の根拠があるわけではない。またアントニヌス・ピウスの宮廷と元老院に宛てたと考えることに何ら問題は認められない。

第一章　二世界論の超克——見えるもの、見えぬもの

1　回心における哲学

ユスティノスが、キリスト教の立場から肯定的評価を与えている学派は、プラトン、ストア派と詩人達である。ここで「詩人」がプラトンと並んでいる点は、奇妙な印象を受ける。詩人が『国家』篇において批判されていることは、ユスティノスも心得ているのに（『二弁』一〇・六）、どうしてこういう評価が出てくるのであろうか。どうもここには当時の教育事情があるらしい。プラトン以後特にストア派においては、ホメロス、ヘシオドスを始めとする詩人の言葉にたいし、アレゴリー（寓喩）の解釈法を適用して、そこに哲学的な意味を読み取る訓練が行われていた[1]。ユスティノスが愛知者と詩人、ストア派と詩人を対にして語るのは、こういう背景があってのことなのである（『一弁』二〇・三、四、四四・九、『二弁』八・一、一三・二）。こうして見れば、ギリシア哲学にたいする教父の関わりは、排他的にプラトンとプラトン主義に限定されたものではなかったと言えよう。ロゴスに従

う人々はすべて真理の探求者であって、人間の歴史に一定の貢献をしてきたのである。彼は「すべての人には真理の種子があるものと思われる」（『一弁』四四・一〇）とも言っている。ギリシア哲学にたいするこの一般的容認の態度は、しかし、注意して受け取る必要がある。一般的評価は必ずしも同等の評価を意味しない。ユスティノスの場合も、プラトンとストア派、詩人とを同等に尊敬していたなどと想像するなら、それはいささか事態にそぐわぬ見方となろう。彼自身は強くプラトンの教えに傾倒していた、と思われるからである。その真摯な姿勢は、たとえば回心前後のいきさつにも一瞥される。その時期の経験を語る、教父の言葉を追ってみよう。

若き日の哲学遍歴を回顧して、自分に最大の満足をもたらしたのはプラトン学派であったと、ユスティノスは述べている[2]（『対話』二・三―六）。恐らくそれは、中期プラトン主義の一学派であった。そんなある日、彼は海辺で不思議な老人と出会い、言葉を交わすこととなる。彼を回心に導く結果となる、老人との対話のなかで、ユスティノスは、プラトンとピュタゴラスが「哲学の防壁であり、支柱である」（同五・六）と主張して、プラトン主義の弁護に努める。けれども老人の言葉の力に押されて、自説を守ることができなくなる。それを見て老人は、驚くべきことに、預言者の書を読むように勧め、彼を励まして立ち去ったのである。

この出来事を経て、彼はキリスト教への回心を経験することとなるのであるが、そこには哲学から信仰への回心という図式だけでは割り切れない事情がともなっていた。プラトン哲学を棄ててキリスト教へ、と言うのであれば事は単純であったかも知れぬが、実はそう簡単ではなかった。老人はそういうタイプの教えを語ってはいないのである。老人が預言者の書を勧めたのは、預言の書が「哲学者の知るべき事柄」について最大の益をもたらすから（同七・二）、という理由からであった。またユスティノスは、老人の語るキリスト教において「唯一確実で有益な哲学」（同八・一）を見出したとも述べている。彼は回心において、プラトン哲学から新しい哲学へと向かったことを自覚している。この場合、回心によってプラトン主義と訣別したのであろうか。いや、その見方もまた、速断の恐れがないとは言えない。その事情を語る教父の言葉には、いささか微妙な点が観取される。そこで、自身の回心について述べるユスティノスの言葉に、もう少し注意を凝らしてみよう。いかなる言葉に、自身の体験を託しているのであろうか。彼は言う――、

その後再び老人の姿を見かけることはなかった。しかし私の魂の内には直ちに火が燃え移り、預言者と、あのキリストの友なる人々への愛が私を捕えていた。（『対話』八・一）

ここで語っている「しかし私の魂の内には直ちに火が燃え移り」という文章は、少々註釈を要する。なぜならこの言葉遣いは、どうもプラトンとのつながりを感じさせるからである。先ずユスティノスは、老人との対話のなかですでに、プラトンの教えと断った上で、これとよく似た言葉を語っている[3]。それは真実在（アウト・ト・オン）に関するプラトンの教えであって、次のように述べられる。「真実在は、それとの親縁性によって、またそれを見たいという愛によってよく備えられた魂の内に、突如として姿を現す」（『対話』四・一）。二つの言葉は共に、魂の内に至高者を見たい、という期待によって動機づけられており、そこにともなう愛（エロース）と、期待が実現する際の突発的な様子を描いている。してみればユスティノスは、己の回心における魂の経験すら、プラトン的な用語によって記述しているのであろうか。彼の言葉はそういう問題を引き起こすのである。

この局面で、もし、彼の言葉はプラトン的であるという判断に立つなら、言うまでもなく、その典拠はプラトンの『第七書簡』に求めなければならない。『第七書簡』の一節に、こういう言葉が見える――「その事柄は、

あたかも飛び火が燃え移り、そこに発した光のように、突如として魂の内に生じ」（三四一c―d）。この言葉がユスティノスの心に響いていたとするなら、そこにはしかるべき歴史の文脈も働いていた。と言うのもこの一節は、当時の中期プラトン主義者たちが、好んで引用していたからである。[4] たとえばユスティノスを批判したと見られるケルソスも、著書の中でこの一節を使っている（『断片』Ⅳ3）。後述するように、中期プラトン主義者がプラトン語録を用いていたとすれば、そこに含まれていた可能性も否定すべきではないであろう。

以上においてわれわれは、ユスティノスの回心体験を『トリュフォンとの対話』によって考察し、そこにプラトン主義的な言葉遣いが見られる、という印象を得たのである。考えて見れば『トリュフォンとの対話』は、現存三著作の内でもっとも遅い時期の著作である。したがってその回心記録には長時間の反省が込められていたであろう。己の回心をどのように語るかという反省が、幾度となく重ねられたはずである。そのような段階でなお、回心を語る言葉にプラトンの引用が含まれていたとすれば、それは彼のキリスト教哲学を理解する上で、重い意味を持ってくることとなろう。そこでこの点については、もうひとつ、より早い時期に属する『第二弁明』によって、何らかの手掛かりを得たいと考える。

『第二弁明』には、回心に至る頃のある経験をつづった、小さな段落が見える。この文は余り注目されてこなかったように思うが、『トリュフォンとの対話』と比較することによって、有益な知識を提供してくれる。それはユスティノスがプラトン学派に身を寄せていた時期のものらしく、この点で『対話』の、プラトン主義からキリスト教哲学への回心の軌跡と合致した話になっている――、

プラトンの教えを喜びとしていた頃のことですが、キリスト教徒が中傷されているのを聞き、しかしながら彼

らが死も恐れず、世間で恐ろしいと考えられているどんなことにも憶せずにいる様子を見た時、こういう人々が悪徳や好色の生活を送るはずがないということを、理解しはじめたのです。(『二弁』一二・一)

ここには海辺の老人との劇的な出会いは記されていない。キリスト教徒の日頃の態度を目にして感じたことが、平静な叙述に託されている。文中に「悪徳や好色」という言葉が見える。この点には歴史の背景がある。これは当時キリスト教徒に浴びせられていた「中傷」を指しているが、詳しく言えば、「あの中傷的な作り話で言われている行為、すなわちランプを倒して暗闇にし、乱交にふけり、人肉を食べる行為」(『一弁』二六・七)のことである。(5) この種のスキャンダルがたちまち大衆心理を虜にしてしまうなかで、恐らく幾分かは自身も染まりながら、それでもユスティノスは次第に偏見から脱出し始める。その過程が彼の回心の過程と重なってくる。ここには、老人との哲学的な対話につながる内容は微塵もなく、ただキリスト教徒の勇気ある態度にたいする感動が、文章に込められているかに見える。では「プラトンの教え」は、回心へと向かう過程で消退したのであろうか。決してそうではなかった。

彼の言葉をもう少し追ってみると、プラトン主義からキリスト教への図式だけでは扱い切れない側面が見えてくる。教会を取り巻く大衆的偏見の中で、敢えてキリスト教徒の側に身を置くに至った理由を、彼はこう説明している——、

わたくしはキリスト教徒と認められることを願い、またあらゆる困難と戦いながらそれを告白する者です。それはプラトンの教えがキリストのそれと異質であるからではなく、すべての点では類似していないからです。

（『二弁』一三・二）

この文脈で彼の語っていることは、かつて喜びとしていたプラトンの教えに留まりえなかった理由である。その説明には何か言葉の奥行きが感じられるのであるが、ともかく彼は教えの水準でその理由を述べている。プラトンの教えとキリストの教えとの間に何らかの一致を認めつつも、「すべての点では類似していない」と言うのであろう。その違いはどこにあるのだろうか。逆境におけるキリスト教徒の態度、いわゆる堅忍に、その違いがあると、教父は考えているようである。というのも先の言葉のなかで、「彼ら（キリスト教徒）が死も恐れず……」と言っているからである。しかもこの点に触れて、次のように述べているからである――「ソクラテスを信じて、この人の教えのために死に至ったほどの者はおりません。これに比すれば、ソクラテスも部分的には知っていたキリスト…（中略）…の場合、愛知者や学者ばかりか、手職人やまったく教養のない人々までもこのかたを信じ、栄誉も恐怖も死も取るに足らずとした」（同一〇・八）。信徒たちの堅忍は、キリスト教の卓越性を称える際に教父の好んで用いる論点なのである（『対話』一二一・二）。要するに、プラトンとキリストとは異質ではないとしても、生活態度や行為の点で見ると二つの教えの違いが見てとれる、と言うのであろう。ここで彼の言葉は、『トリュフォンとの対話』において先に見た回心記録と、自然に通じる面があるのではないか。回心以後も、プラトンへの傾斜は持続していったように思われる。

（1）　W. A. Shotwell, *The Biblical Exegesis of Justin Martyr*, London, 1965, p. 38 参照。
（2）　ユスティノスの語る哲学遍歴は、同時代の作家ルキアノスの『メニッポス』で描かれている哲学遍歴物語と、強い並行性を示す。それは、様々な学派を遍歴したが、学派相互の矛盾に気付いて、結局、どれひとつとして信頼に価するものではないと悟る形式になっている。ただし、文学形式を採用しているからと言って、ユスティノスの回顧談が虚構であるとも言えない。

(3) 両箇所の関連は、すでに註解者たちも指摘している。N. Hyldahl, *Philosophie und Christentum.* Eine Interpretation der Einleitung zum Dialog Justins, København, 1966, S. 230, J. C. M. van Winden, *An Early Christian Philosopher.* Justin Martyr's Dialogue with Trypho, Chapters one to nine, Leiden, 1971, p. 74 など参照。

(4) 詳しくは、C. Andresen, Justin und der mittlere Platonismus, *ZNW* 44 (1952-1953), S. 166 und Anm. 33f., J. Dillon, *Alcinous*, p. 110 (Didask. 10 : 6) 参照。

(5) この中傷にユスティノスは度々言及している。『一弁』二・三、三・一、一〇・六、二三・三、二七・五、四九・六、『二弁』十二・一—七、一三・一。

2　二世界論からキリスト教形而上学へ

プラトン主義とキリスト教の出会いと、そこで生じるであろう思索の動揺を、初期教父の証言にもとづいて考察する場合、弁証家ユスティノスの『トリュフォンとの対話』序文は重要な手がかりとなろう。そこに描かれた海辺の対話は、教父自身の来歴を語りつつ、若き日のプラトン主義者ユスティノスがいかにして、キリスト教と触れ合ったかの記録である。キリスト教哲学の曙光を告げるかのような対話の情景は、著者の昔日の体験を伝えつつ、彼がなぜプラトン主義から新しい哲学へと踏み出していったのかという、厳しい探究の問題にかかわっているのである。その頃プラトン主義の一学派に身を寄せ、学派の教説に喜びと誇りを覚えつつ、静かな時間を求めてユスティノスは海岸の近場に足を向けていた。そんなある日、偶然に出会った不思議な老人と言葉を交わすことになる。彼の哲学探究は、この対話を機に、決定的な方向転換をせまられるのである。老人は、青年の信奉するプラトン主義の教説に批判を加えつつ、「預言者の哲学」とでも呼ぶべき思索の道へ彼を導く。若きユスティノスと老人のやりとりは、青年の回心の契機であっただけでなく、ギリシア哲学とキリスト教双方にとって、忘れえぬ転回点となった。古代キリスト教史において、もちろんこれ以前にもプラトン主義との接触は始まっていたであろう。しかし、哲学的問題の核心に迫るこれほど充実した討論は、『トリュフォンとの対話』序文に描かれた、この対話が最初のものではなかろうか。

この対話が歴史の事実であったのかどうか、疑問の余地がなくはない。何らかの虚構性を推測し得るのである。この対話はいかにも劇的である。海辺で瞑想のひと時を過ごす哲学青年と、不思議な老人との出会いという舞台設定、老人の口から語られる知恵の言葉という対話の展開。そうした面に注目すれば、虚構と見る方が自然な読み方となろう。しかし対話の内容の面ではどうであろうか。歴史の事実であったかどうか、と問うだけでは汲みつくせない重みが手に感じられるのである。この対話に何らかの真実を感じない人はないのではなかろうか。プラトン主義からキリスト教哲学への展開という、内面の歴史として見れば、この対話の段落に思索の真実を読み取ることができるのである。

『トリュフォンとの対話』序文は、最初の九章からなるまとまった段落にあたり、著作のこの部分について註解書を書くことが、ユスティノス研究のひとつの流儀になっている(1)。教父の哲学思想が問題になる時、この序文は、現存著作のなかでもっとも注目を浴びてきた。とくに現代の註解および研究は、中期プラトン主義との関連でこの箇所を取り上げることが多い。著者の活動した二世紀という時期は、中期プラトン主義の流れにおいてもアルキヌース、アプレイウス、アッティコス、ケルソス、テュロスのマクシモス、ヌーメーニオスらの有力な哲学者を生み、また匿名ではあるが『カルデア託宣』のような著作を残したのである。このような背景に照らして、若きプラトン主義者ユスティノスの立場はより良く理解されるはずである。彼が老人と行なったとされる海辺の対話には、「神を見る」という究極の問題がある。それはどのようにして可能となるのか。これはアレクサンドリアのフィロン以来、中期プラトン主義に見られるテーマであり、海辺の対話においてはこれをめぐって、視覚と存在理解についての議論が交わされるのである。視覚に関して、ユスティノスと老人の立場は明確に食い違う。ユスティノスの主張は中期プラトン主義のものであり、いわゆる二世界論に依拠している（本書四〇頁以下「プラトン主義者ユスティノス」の段落参照）。また彼の用いる文言の特徴は、テュロスのマクシモスに近い。このことで分かるように、研究者たちは対話の内容を、中期プラトン主義著作と照合する仕事を進めてきたのである。

中期プラトン主義哲学に照らしてユスティノスを捉え直そうとする方法は、二〇世紀教父学に様々な成果をもたらした。またそれは逆に、中期プラトン主義自体の研究をも少なからず促進した。C・アントレーゼン、J・ダニエルー、E・F・オズボーン、N・ヒルダール、J・C・M・ヴァン・ヴィンデン、R・ジョリ、A・J・フェステュジエール、E・デ・プラスらの論攷がそれである。「最初の三世紀」の教父学を手がけるのであれば、ここに挙げた名を知らぬ人はあるまい。わたくし自身、このような動向に助けられて研究を行っている。前世紀の文献学的成果は、十分に活用すべきである。

本節においてわたくしは、ユスティノスが中期プラトン主義から出発し、老人との対話を経験し、そこでキリスト教の哲学に転身する過程を追跡する。つまりユスティノスの思索の跡を辿ることによって、そのような転回にふくまれる真実の位相を理解しようとする。それはキリスト教形而上学が成立する最初期の相貌を描くことでもある――現代に生きるわれわれにとってそれがいかなる意味を持つのか、その問いは小稿の全体に課せられている。(ここで形而上学という語を用いたが、メタフィジカ(metaphysica)の訳語のつもりである。そこに特別の意味合いを込めるつもりはなく、語の本来の用法に従い、われわれの感覚——とくに視覚——に映る自然や歴史事象、あるいは心理現象がそれ自体で、それ自体を基盤として存立するものではない、という認識から出発する立場を示している。したがってまた、それは事象世界の基盤に、事象世界を超越した何かがあることを前提している。海辺の対話においても、この点までは老人とユスティノスの間に相違がないのである。)

ここに述べた課題に答えるべく、取り上げなければならない主要テキストは、上述の『トリュフォンとの対話』[2]序文である。とくにその中核部をなすのが海辺の対話である——、

序文……一〜九章

海辺の対話……三〜七章

中期プラトン主義と照合しながらこの対話の意味を探ろうとする方法にたいして、わたくしは賛意を表明した。しかし言うまでもなく、そのことは、それまでの研究成果に全面的に同意することではない。この点を断っておきたい。なぜかと言えば、これまでの研究にはしばしばひとつの傾向が認められるからである。序文の解釈上それは重大な前提であって、安易に受け入れてはならないものなのである。だが、今世紀ヨーロッパの研究者達は多くの場合この前提を共有している。すなわち序文に描かれたユスティノスの思想遍歴を、特殊にキリスト教的な回心の過程とみなす前提である。老人との対話を転機として、プラトン主義を離れ、キリスト教信仰へと回心したのだ、と言う。言い換えれば哲学から信仰へ、理性から恩寵へという図式を適用して、ユスティノスの道程を理解しようというのである。これは序文の解釈上様々な形で影を落とすことになる。たとえば次の問題を考えてみよう。老人の言葉によって、ユスティノスはプラトン主義から脱却することになるが、新しい境地に至った

経験を振り返って、次のように自己の足取りを述懐している。「このようにして、またこのゆえにわたしは愛知者（フィロソフォス）となった」（『対話』八・二）。この言葉は、回心においてなお、彼の思索が哲学から離れていなかったことを、疑いの余地なく示している。彼の回心はエクスタシーをともなった宗教現象などとは異質である。いやそれどころか、回心において、一層積極的に哲学に向かって行ったことさえ示唆する。学派のプラトン主義から新しい哲学への行程を、哲学から信仰への図式はどう説明するのであろうか。容易なことでは調整できまい。この図式がもたらす問題はほかにもある。海辺で交わされた老人との対話は、そもそも何を主題とするものであったのか。この点を考える際に、図式的見方はある偏りを生むこととなる。そして主題の捉え方に生じた狂いが、さらに、教父の回心を理解する仕方をもゆがめることになるだろう。しかしこの点の解明は、次項で扱うこととしたい。

対話の主題

若き日に、ユスティノスが海辺の老人と交わした対話は、ある特定の主題を自覚して展開したものであろうか。それとも行きずりの人がよくするように、たまたま話題になったいくつかの点について、意見を交換したという程のことであったのだろうか。いやこの問いは、むしろこう言い直すべきであろう。後年ユスティノスが遠く己の体験を振り返って、キリスト教の思索に向かうこととなった、その転回点を語るに際し、老人との対話という形式によってその契機を説明しようとしたのなら、ある主題のもとに対話を構成した、と考えられるのではないか。対話が歴史的な事実に根差しているとしても、われわれは海辺で対話の現場に立ち会っているわけではない。反省を重ねることによって生まれたに違いない、回顧の言葉に向かっているのである。決定的な思索の転機が、もはや個人の限られた体験ではなくなり、普遍的な位相において自身を語り始めるとき、究極的な問いが何であったのかが、ようやく反省の視野の一角に現れるようになる。そのような問い、そのような課題が海辺の対話においても、定められているのではないか。もとよりそれは、文献学の水準において解明できる事柄ではあるまい。しかし主題というものが、文脈の全体をその主題「について」の言葉として説明する光であり、その主題「によって」ひとつのまとまりを生むものであるとするなら、われわれの対話の段落には、明らかに一定の主題が認められるようである。

『トリュフォンとの対話』序文には、たびたび現れる言葉がいくつかあるが、そのひとつに「神を見る」という語句が見られる。われわれはこの句に注意してみたい。序文においてこの句は七回用いられる（二・六、三・七、四・一、二、三、五、七）。しかも結局のところ、二人の対話は「神を見る」ことをめぐって、それを究極の課題として展開しているのである。海辺の対話を通読するとき、われわれはそういう印象を受ける。また後述するように、対話の内容に立ち入って調べてみれば、その印象が間違っていないことも確認しうるであろう。しかも著者ユスティノスが、読者にそう読ませるように、序文構成上の工夫をしていると見られるのである。すなわち『トリュフォンとの対話』冒頭に始まる、海辺の対話の導入部において、著者は「神を見る」の主題を周到に準備している。そこでは「神を見る」が、哲学の目標として設定され、次の展開へと接続している。導入部のスケッチを作りながら、ユスティノスの筆の運びを追ってみよう。

この著作は、哲学教師の服装をしたユスティノスが朝の散歩に出掛けた折、トリュフォンというユダヤ人から声を掛けられる場面で始まる（一・一―二）。この時ユスティノスはもちろんキリスト教教師でもあったのだが、哲学に関心の深いトリュフォンは、哲学教師の外見に目を留めたのである。相手の関心を知るとユスティノスは、

「哲学は律法や預言と同じ位有益なものか?」と尋ねる。これにたいしトリュフォンは「哲学者の仕事は神の探究である」と答え、哲学とユダヤ教が両立することを示している（一・三―五）。ここで「神の探究」というのは、言うまでもなく「神を見る」ことを目標とした言葉である。さてそう答えた上で、今度はトリュフォンの方から「あなたの哲学は何か?」と、問い掛けるのであるが、これにたいするユスティノスの答えは三部に分かれる（二・六―二・六）。その内容は、（a）なぜ哲学が多頭多派に分立したのか、の説明であり、次に（b）若き日に自分の辿った哲学遍歴を述べる。それはストア学派、ペリパトス学派、ピュタゴラス学派を経て、プラトン学派に至り着くという話になっている。そして第三に、（c）ユスティノスの回顧の形で、ある老人と交わした海辺の対話が語られるのである（三・一―）。このなかで老人は、哲学青年ユスティノスと討論する話になっている。始めに両者の自己紹介があってから、老人の発した最初の問いは、「哲学とは何か?」であった。青年ユスティノスはプラトン主義者らしく、こう答えている――「存在者（ト・オン）にかかわる学知である」と（三・四）。この答えは、先のトリュフォンの「神の探究」という哲学観と通底している。と言うのも「存在者」は「神」とも呼ばれるからである（三・五）。当時のプラトン主義はそのように、至高存在に様々な呼称を充てていたのである。海辺の対話はこうして、多様な論点へと波紋を広げてゆくのであるが、以上の素描で分かるように、導入部は、「神を見る」の主題を予想した内容と読むべきである。トリュフォンもユスティノスも、哲学の目標が神学のそれと合致する一点を望みつつ、「海辺の対話」における老人の教えへと、読者の期待をうながしているのである。ユダヤ教とプラトン主義とキリスト教が、「神を見る」の主題のもとに、議論を繰り広げる。大きく見ればそういう構図で、この序文を捉えることができる。

とすれば、この句についてさらにこのように言うことができるであろう。「神を見る」ことが目標であるとすれば、対話の全体は当然「見る」という一般的な問題にかかわってくる、という点である。知性の眼によるにせよ、あるいは身体の眼によるにせよ、ともかく「見る」ということを落として、「神を見る」を論じるわけにはいかない。われわれの視覚には一体何が見えるのか。これが先決問題となるであろう。この局面で、老人の考えはユスティノスのプラトン主義と真っ向から対立する。ユスティノスにとって、何かの生き物を見る同じその眼で神を見るなどということは、想像も及ばぬ不可能事である。これに対して老人は抗議する。神や人間の場合、それについての知識は、視覚によって見ることから始まるはずだ、と言うのである（三・六―七）。このようなやりとりを交えながら、「神を見る」という一見神学的なモチーフは、視覚論をも深く織り込んでゆく。対話の基底に視覚の問題があるという、この点を見落とすならば、われわれはすでに、考察の出発点において視野のゆがみを負ってしまうのである。人間は己の側から、己の眼前にあるものから出発して思索を進める以外に、どんな方法を持っているのであろうか。視覚の考察から始めるとは、人間の条件と可能性に従うことであり、われわれにとって避けることのできない考察の手順を踏むことなのである。

ユスティノスと老人の対話は、「神を見る」のモチーフに導かれて視覚論の領域に踏み込んでいる、とわたくしは考える。その対話は、われわれの視覚を主題化し、根本問題として抱えている。この見方はしかし、相当の反論を招くかもしれぬ。なぜなら伝統的な解釈は、対話者それぞれの立場を、とくに老人の側の主張をもっと別の眼で見ているからである。すなわち老人の言葉を、もっと教会的な回心の図式によって解釈するのである。その一例を紹介して、比較のための参考にしよう。ある研究者はこう述べている(3)――、ユスティノスと老人の間にあった意見の対立は、（視覚論に関するものではなく）霊魂論に関してであり、とくに「知性の眼」に神が見えるか否かをめぐって生じた、と。若きユスティノスは、プラトン主義門下の徒としてこう言う――「プラトンも述べるように、神的存在は他の生き物を見るように眼に見えるものではなく、ただ知性によってのみ捉えられるのです」（三・七）。これに対する老人の反論であるが、研究者は次の二点に限定してその内容を理解しようとする。すなわち（一）人間の知性の限界を承服すべきこと、換言すれば、知性はそれ自身にもとづいて神を見ることはできないという前提である。したがって、（二）老人の主張は当然に、聖霊の助けがなければ神を見ることはできない、という方向に展開したのである、と。つまりこの研究者は、理性の限界と聖霊の恵みの図式に従って、二人の対話者の対立点を取り出しえたと信じている。しかもその見方を補強しようとして、オリゲネスの一節を挙げているのである——「われわれとしてはこう言明する。神の探求においては、探求されるかたの側から助けがないならば、人間ごとき者の本性はいかにしても不十分であり、ありありと神を見出すことなど到底およばぬことなのである」（『ケルソス駁論』Ⅶ四二・二八以下）。

以上に紹介した見方は、二〇世紀のユスティノス研究を代表するものと言える。それほどに、理性対恩寵の図式は根強い。根強い理由の一つは、それが人間の謙遜をうながす点で建徳的であるということに求められようが、それだけではない。この図式は、海辺の対話のテキストにかなり正確に当てはまる。それはそれで事実なのである。老人は確かに聖霊の助けなしには知性の眼で神を見ることはできない、と言っている（四・一）。これは正に、理性を越える恩寵の主張と読める。したがってその限りでは、そういう解釈が妥当であるようにも見える。交わされた議論のその部分に視野を限定してよければ、研究者達の立場は十分容認できたのである。けれどもこの人々は、対話の残りの部分を見落としている。例えばここに挙げた（この立場にとってはきわめて好都合な）発言が、それに先立つ文脈から一連のつながりをもって出てきていることを、忘れているのである。議論の当初から老人は、身体の視覚が必要であると訴えている。神を見る知識は視覚から出発するのだということを、老人は強調してやまない。とすれば、視覚からの出発は、知性の限界の指摘および聖霊の助けの要請へと、どのような論理で結ばれているのであろうか。このように、老人の言葉を全体として理解するのでなければ、海辺の対話を正当に扱ったことにはならない。それゆえにわたくしは、既成の図式を容易に受け容れてはならない、と結論せざるをえないのである。

解釈の視座

海岸から程遠くない静かな場所で、ひとり瞑想の時間を過ごすつもりでいたユスティノスは、思いもかけず老人と出会い、その出会いが、後日の回心を促すことになった。そこで交わされた二人の対話はいかにも絵画的であって、『トリュフォンとの対話』全篇中、もっとも生彩に富んだ一幕ではないかと思われる。恐らくその記述は脚色を混じえており、単純に歴史的な態度から生じたものとは考え難い。しかも現存する他の二著作には、(決定的な意味を持つはずの) 老人との出会いについて、一言の言及すら認められない。とすると、海辺の対話はまったくの虚構であったか、との推測もしたくなるであろう。この問題を、ここで十分論じるわけにはいかないにせよ、論じうる部分がまったくないわけではない。例えば、その時期のユスティノスのプラトン主義に関しては、明確な方法を採ることができる。すなわち文献歴史学的な方法で取り扱うことができる。彼のプラトン主義思想は、当時のプラトン学派の哲学と照合可能なのである。老人との出会いの情況設定、老人の人物像といった面においては、この方法による分析はほとんど効果を期待できない。しかし、対話のなかで老人の批判を浴びることとなる、若きユスティノスの哲学的立場に関しては、中期プラトン主義の光に照らして、文献学的な分析を加えうるのである。

それでは老人の語った哲学についても同様であろうか。海辺の対話を記した著者の、著者としての姿勢を知るうえで、この問題は目下の、プラトン主義の分析と一対のものと考えねばならない。老人との対話を通じて、プラトン主義から新しい哲学へと「回心」したユスティノスが、回心から三〇年程も経って自身の経験をつづっている。著者として、そこにどのような意図を込めていたのか。それは著者に宛てた問いであると同時に、テキストを解釈しようとするわれわれ自身の自覚を促す問いでもある。われわれはいかなる見方に立って、海辺の対話を読むべきであろうか。われわれの視力が問われている。

老人の口から語られ、ユスティノスへと引き継がれた哲学は、当時の哲学思潮のなかで一種の新哲学であったらしい。そのような哲学は、この時代の知識人にとって嘲笑を禁じえない教えと映った。トリュフォンと人々の前で、老人との対話の一部始終を語り聞かせたユスティノスは、冷ややかな反応を招くことになる。そんなものを持ち出すぐらいなら、むしろ、もといたプラトン学派に帰りたまえ、と忠告されるしかなかった（『対話』八・三）。つまり新しい哲学は、すぐには時代に受け容れられない考えを掲げていた。キリスト教にたいする偏見のゆえにか、あるいはまた独創的な教えのゆえにか、ともかくそれは時代の精神に容易に受容されるものではなかった。とすれば、不思議な老人の告げた哲学には、当時の文献に照らして解釈することを許さぬ面があったに違いない。つまり先のプラトン主義の場合と違って、歴史文献学的な手法は、ここでは直接用いるのが難しいのではないか。老人の教えは、このように、中期プラトン主義やストア派の教説に還元しがたい核を持っていたのである。（ただし、老人の哲学が「新しい」と言う意味は、哲学史上初めてプラトンの教説とキリスト論が結びついた、ということだけではなく、ある形で忠実にプラトン――プラトン主義ではない――の思索を復興させた哲学が、当時の中期プラトン主義者にとって、かえって理解しがたいものになっていたことでもある。この点は別に論じる。）

新哲学の内容を外的証拠と照合することが得策ではないとすれば、当面残された道はひとつしかない。ユスティノスの著作の内部で参照箇所を探し、それを、海辺の対話を理解する一助とすることである。具体的に言えば、対話の内容と『トリュフォンとの対話』の残りの箇所、『第一、第二弁明』との関連を、連続不連続の両面をふくめて明らかにすることである。内的証拠を用いる研究は、われわれにとって案外重要な展開を見せることになろう。けれども、この研究は別の機会に報告してあるので、(4) ここでその詳細に触れることは控えたい。考察の過程を述べるよりもむしろ本節においては、目下の議論に直接かかわりのあるひとつの結論を紹介するに留めよう。それは次の事柄である——、海辺において老人の説述した哲学は、『第一、第二弁明』を執筆するユスティノスの思想と本質的に連続している。もちろん、両者の間にまったく異同がないか否かは問題にしうる。しかし両者は共に、「預言者の哲学」を根幹として思考する点では、一分の狂いもないほどに合致している。その事実をまず強調しておきたい。

ある決定的な体験が長年月を経た後に語られる時、その言葉には幾重もの年輪が刻まれるであろう。「あの体験は何だったのか？」と問う問いを重ねながら体験の真実へ迫ろうとする者には、体験の真の意味こそが重みを増し、そこにまつわる歴史的情況は、いわば付随的に変色変形するものである。いわゆる「回心」がユスティノスにとって持つ意味は、香り豊かなぶどう酒のように深い奥行きをひそめている。味覚が洗練されるに応じて、酒の良さが分かってくる。そのように、彼の洞察が深まるにつれ、体験の真実が見えてくる。彼のいわゆる回心体験は、バルコクバの反乱（一三二—一三五年）より以前である。『第一、第二弁明』の執筆年代は、一四八—一六〇年の範囲のどこかに落ちると考えられる。そして『トリュフォンとの対話』は『第一、第二弁明』より遅い時期の著作であり、殉教を遂げる一六五年頃よりは早く成立したはずである。[5] 回心から殉教に至るまで、三〇年もの年月が流れている。長い時間の経過のなかで、体験の意味がどのように深化して行ったのか、克明に追跡することなど望むべくもあるまい。が、少なくとも回心前後の情況について、海辺の対話は『第二弁明』と比較考察することが可能である。つまりユスティノスの回心は、『トリュフォンとの対話』序文に孤立した記事として伝わるだけではなく、僅かではあるが、『第二弁明』（一二・一―一三・六）にも反映をとどめているのである。その箇所と『対話』序文の二点だけは、殉教に至る時間軸上に痕跡が残っており、これらの時点における反省の内容が、多少うかがい知られるのである。そこで両記事の比較を試みると、そこから知られることとして次の二点がある――、

（一）両記事とも回心を、ユスティノスがプラトン学派に身を置いていた時期のこととしている。しかし『第二弁明』の側には老人との出会いにたいする言及が一言もなく、また、回心に先立つ哲学遍歴（『対話』二・三―六）も、プラトン学派のこと以外まったく見られない。

（二）両記事とも回心を宗教的であると同時に強く哲学的な、思索の転回点として述べている。『対話』はとくにこの点を鮮明に打ち出しており、哲学遍歴の果てに老人と出会って、哲学問答を交わし（『対話』三章以下）、その結果回心へと至って、キリスト教こそが唯一、確実で有益な哲学であると認める（同八・一）筋書きになっている。

以上の考察によって明らかなように、両記事の間には基本的な一致がある。『第二弁明』に次いで『トリュフォンとの対話』を手掛けた時期のユスティノスは、キリスト教への回心を、強く哲学的な回心として自覚してい

た、と言えよう。換言すれば彼の回心は、ある日キリスト教と遭遇するという歴史的偶然性とともに、哲学的な思索が必ずそこを通って展開すべき道程上の出来事、すなわち探究の、避けられぬ通過点だったのではあるまいか。とすれば、ユスティノスが若き日に、老人と交わした論争は、いやその論争の『対話』における記述は、哲学の探究における必然の転回点を、長期の反省の後に説明するものであったと考えられる。そのような見方によって海辺の対話を読むことが、必要ではなかろうか。そういう視点から、解釈を試みたいと思う。

解釈の基本方針を以上のように定めうるとすれば、話をふたたび出発点にもどし、海辺の対話において回心以前とされる、ユスティノスの立場に眼を向けなければなるまい。老人との対話において彼のとった哲学的立場は、いかなるものであったのか。

プラトン主義者ユスティノス――回心に至る軌跡

上述のように、彼がプラトン主義に傾倒していた時期については、歴史文献学的な分析を加えることができる。つまり彼のプラトン主義にたいしては、当時の中期プラトン主義に照らして理解を深めることができる。たとえば、老人との対話において若きユスティノスは、魂の輪廻説に立っていることが分かるが、この説は中期プラトン主義者の間で広く受け入れられていたものである。(6) またユスティノスは度々プラトンの著作を引いているが、引用の仕方は、当時のプラトン主義のそれと共通する面がある。こうした点を二〇世紀の研究は明らかにしてくれた。その研究成果は、単に哲学史的関心を満足させるだけではない。プラトン主義者ユスティノスの歴史像を描いてくれるだけではなく、それを越えて彼が示すこととなる、その後の独自の思想的展開を眺望するための、足場を確保してくれるはずである。このような意味で、若き日に彼の信奉したプラトン主義の内容に立ち入って、その特徴を理解したいと思う。

彼のプラトン主義は、海辺の対話のなかで様々な側面を見せている。研究者は対話の一言一句にも注意を凝らして、その思想的背景を探り出そうとしてきたのである。そこにはまた当然研究上の論争がともなっており、こうした事情を考慮すれば、ユスティノスのプラトン主義の特徴をことごとく取り上げるなどということは、十分、一冊の註解書にあたる仕事となるのである。したがってここでは、哲学的にみてもっとも重要と思われる事項、すなわち当時のいわゆる二世界論に考察の範囲を限定しなければならない。二世界論を問題領域として、若きユスティノスの唱える学説に眼を留めて見たい。

ここで二世界論というのはひとつの形而上学的な理論であって、知性的世界と感覚的世界の区別に立ってわれわれの世界を説明しようとするものである。例えば建築家が心に描く設計のアイデアは、知性によって捉えられるのであり、その設計図を図面に引き、それをもとにしてわれわれの眼前に出現する建築物は、感覚的に捉えられる。同様に、幾何学の定義する三角形「内角の和が二直角となるような平面図形」は知性によって見出されたものであるが、視覚はそれを見ることができない――なぜなら視覚によって見ることのできる三角形は、大きさがあり、色があり、手で触れることができる。しかし知性的な三角形はそのいずれも備えていない。このように二つの世界を区別することによって、二世界論は成立している。では、知性的世界と感覚的世界はどのように関係づけられるのであろうか。知性の眼に映る設計図は範型であり、感覚の眼に映る建築物は、範型にもとづく似像であると言う。三角形についてもこれと同じことが言えよう。とすれば二世界は、範型似像の関係で結ばれているのである。すなわちこの二世界論は範型似像論に従っている。（なお付言すれば、逆は必ずしも成立しない。範型似像論でありながら二世界論にならない場合があるが、それについては第三章で触れる。）

以上が二世界論の輪郭である。ここに述べたように、知性的世界と感覚的世界との区別は、視覚に見えるものと見えないものの峻別によっている。感覚的な事物は似像であって、可視的であるという性格のゆえに、不可視なる知性世界には、どれひとつとして所属しない。逆に知性的なものは不可視なる範型であって、ひとつも感覚的世界には属さない。都市の設計構想は知性的なものであり、それを範型として建設する都市は眼に見える姿で出現する。この場合範型はひとつであるのに対し、その似像としての可視物は複数でありうる。そして範型と似像とは、後者が可視的であるのに前者は不可視であるという点で、それぞれ別次元の存在であるとされる。

以上からさらに、範型似像の関係にはこういう面もそなわっていることが見て取れよう。すなわち都市であれ三角形であれ、可視的な形態のものは、「都市」と呼ばれ「三角形」と呼ばれるかぎりで、それぞれひとつの集合を形成している。例えば横浜、ニューヨーク、マルセイユ、上海、カルタゴなど都市の集合がそうである。そしてそれぞれの集合には、ひとつの範型が対応している——都市の範型、三角形の範型など。こうして感覚的な集合一にたいしては、知性的な範型一が組になるのである。

これは何を意味するのであろうか。こう考えてみよう。感覚的な集合の方は、われわれが日常的に言葉で指示するものの数だけ存在する。都市の集合、サクラの集合、机の集合等々。すると範型もそれと組をなし、同じ数だけあって、知性的世界を構成しているということになろう。すなわち範型は、感覚的事象に属する個々の集合にかかわるのであって、われわれが日常言語で呼び慣らわす個々のものと、直接には関係しない。言い直せばこの種の範型似像論は、（一）感覚的世界に属する事物を真に個々のものとして扱うのではなく、直接的にはそれぞれの集合を扱う。(7)（二）またそれぞれの集合には、原則的に、名前が付いている——「都市」等々。

ここに述べたような範型を、イデア論においては「範型イデア」、または単に「イデア」と呼ぶのである。若きユスティノスがこういう内容のイデア論を信奉していたであろうことは、海辺の対話における彼の発言内容から知られる。その確認は少し後にまわすこととし、当面は、このイデア論がもつ構造を、もう少し探究しておこう。そこで、先に挙げた二つの特徴のうち、第一点に注目してみる。それは、ある仕方ではあるが、イデアが感覚対象にかかわるということを、述べるものであった。しかしそこではまだ、いかにかかわるかという点が明らかでないので、先ずこの問題に触れる必要がある。範型似像の関係というが、範型は似像にたいしていかなる関係に立つか、の問題である。視覚対象としての三角形は、すでに述べたように、範型としての、厳密な意味での三角形と合致することはない。にもかかわらずその図形を「三角形」と呼んでいる。しかも多少歪んでいようが、スイカを割ったときの形であろうが、日常的には「三角形」と呼んでも通じるし、大して困ることもない。しかしもし異議を唱える人が現れ、そんなものを三角形と言うのはおかしいと反論したならどうであろうか。われわれは突如の異議にハッとして、しばし考えてみることであろう。眼前の丸っこい三角形やら角の取れた三角形やら、要するにいい加減な三角形を、すべて三角形と名指しうるのは、いかなる根拠にもとづくのであるかを。そう発問してみる時にわれわれは、日常性を越えた、範型としての三角形がなければならないことに気付く。このひとつの範型をいわばメートル原器のように基準として、それと似ている限りの図形をすべて「三角形」と名付けていたのだ、ということなのである。こうして範型とは、似像を似像として成り立たせる根拠なのだと言えよう。知性的な三角形は、可視的な三角形が存立する根拠なのである。二世界論は、知性的な世界を感覚的な世界から峻別すると同時に、前者を後者の存立根拠として関係づけるものである。

しかしながら二世界論は、以上をもって完結するのではない。この理論はもう一段上へと展開せざるをえないのである。なぜならこれまでの説明においては、もっぱら感覚的世界の多様性に対応して知性的世界が語られたが、感覚界はもっと別の面をもそなえていると考えられるからである。すなわち感覚界には多種多様な事物が存在するだけでなく、そこには、まとまりをもったひとつの世界が現出しているのではないか。目に見える世界にある統一性が認められる、あるいは認めるべきだと考えるなら、二世界論は、さらにこの点をも説明しなければならない。そこで範型似像論に立ち返って考えてみよう。この理論にもとづいて目下の問題を考える時、先ず次のことは明らかであろう。感覚事象の世界が何らかの意味で「ひとつ」であるとすれば、それは知性的な世界の似像としてそうなっているはずである。範型似像論の前提からして、それは当然の帰結である。しかし、まさにここで問題が生じる。知性界を構成するイデアは複数（と言うより無数に）存在し、それぞれが既に述べた意味で個々の感覚事象の集合にかかわっている。こうしてイデアがそれぞれ個別性に留まっているとするなら、どうして、感覚界の統一性をもたらす範型でありえようか。これまで述べてきた知性界には、何かが欠けているのではないか。こういう問題が浮かぶのである。

この問題に答えるべく二世界論は、知性的世界を包摂しその一性をささえる根拠として、第一原理を措定するのである。中期プラトン主義はこの最高原理を、「善」「第一知性」「神」などと呼んでいるが、知性界との関係を説明する面では、十分な解明に達しえていないように思われる。が、ともかくそれは範型イデアの多性・個別性を包みつつ、そこに一性をもたらす原理であって、多性にたいする一性という点で知性界を超越している。ここまで二世界論を、その基本構造にそって紹介してきた。それは、ユスティノスのプラトン主義を理解するための準備となる。と言うのも海辺の対話において、若きユスティノスはそのような体系性を前提しつつ、しかし実際の対話の展開においては老人の質問に応じざるをえないので、必ずしも体系的に自己の立場を陳述してはいないからである――そういう言葉を理解するためには、あらかじめ理論体系を提示しておく必要があった。さて二人の対話は、老人の発した「哲学とは何か?」の問い（『対話』三・四）によって実質的に始まっており、これにたいするユスティノスの「存在者（ト・オン）にかかわる学知」という答えによって、基本方向が定まっている。すなわちこれを承けて老人は、もっぱら「存在者（ト・オン）」をめぐって、ユスティノスの立場を吟味しようとする。この「存在者」が実は、先の二世界論における第一原理にあたる呼び方なのである。ユスティノスがそれを「知性的なものすべての根拠」（四・一）と言って、知性的世界の根拠としている言葉からも、この点が確認されるであろう。また彼がト・オンを「神」と等置している言葉も（三・五）、同様に受け取ってよいのである。これからしばらく、われわれは彼の二世界論の、この局面に目を留め、当時のプラトン主義と照合してみなければなるまい。

哲学を「存在者にかかわる学知」であるとする若きプラトン主義者の規定は、中期プラトン主義において例を見ないものであると、言われる。もちろんここには中期プラトン主義著作と、プラトン主義者ユスティノスとの照合の問題があり、したがって最終的判断に達するまでには、なお入念な文献調査を要するものと思われる。しかし、文言の外形に関しては研究者たちの見解を受け入れたとしても、「存在者にかかわる学知」という言い方には、プラトン主義的な内容がこめられており、そのことには疑いがない。と言うのも文脈において若きユスティノスの語る「存在者」の説明は、二回あって、いずれもプラトン主義の言葉を反映しているからである。その第一は、「君は存在者を何と説明するか?」という老人の問いに対して答えるものである——「それは同一基準を多様に示しつつ、つねに同一のあり方を保つものであって、他のすべての存在の根拠なのです。」（『対話』三・五）この言葉の前半とほとんど同じ言い方が、プラトンにおいては、真実在をさす定型句となっている（『ファイドン』七八c六―七、『国家』Ⅵ四八四b四、『ティマイオス』二九a一以下など）。さらにこの定式的表現は中期プラトン主義に引き継がれ、真実在ないし神性を指した。その用例はアレクサンドリアのフィロンに多く認められるほか、(8)二世紀の人アッティコスの次の言葉にも見て取れる――「生成する事物の範型群は非物体的で知性に捉えられるものであり、同一基準を多様に示しつつ、つねに同一のあり方を保つものであって、最高度にまた比類なき様でそれ自身に留まっている。一方、それは他のものにたいし、個々のものがこれこれの性質を持って存在する、そのような個別の存在根拠でもある。」（エウセビオス『福音の準備』XV一三・五に抜粋）アッティコスの文章は範型イデアの世界――これを「神の思惟」とも呼ぶ――に言及し、それを主題にしている。その自己同一性を語る文章は、語形までユスティノスに近い。また文後半の、個別の存在にたいする根拠性の主張を添えているのは、これもユスティノスと並行している。（ただし、両者の考えに距離があることも認めなければならない。ユスティノスの存在者は、最上位に配置され、他の一切の存在にたいする根拠である――『対話』三・五。したがって知性界にたいしても根拠であり、その上位に立つ。これに対しアッティコスの文章の主語は範型イデアの世界であり、要するに知性界である。）

若きユスティノスが「存在者」の説明をしている第二の箇所に移る。『対話』四・一で彼は、「プラトンの言葉にこうあります」と断った上で、「知性の眼」と「存在者」についてまとまった教えを紹介している――、

知性の眼は正にそういう性格のものであり、何のためにわれわれに与えられているかと言えば、われわれがかの澄み切った知性の眼だけで、かの存在者そのものをまざまざと見ることのできるためである。存在者はあらゆる知性的なものの根拠であり、色も形も大きさも有さず、肉眼に見えるいかなる対象もふくまない。それは存在する何かと言うしかなく、あらゆる存在本源の彼方に存在し、言葉にあらわすことも名で呼ぶこともでき

ず、ただ美にして善なのである。存在者は、それとの親縁性によって、またそれを見たいという愛によって、よく備えられた魂の内に突如として姿を現すのである。

この段落には『ファイドン』『国家』『第七書簡』からの引用が認められる。たとえば「存在者はあらゆる存在本源（ウーシア）の彼方にある」というユスティノスの言葉は、言うまでもなく、『国家』第Ⅵ巻の末尾「太陽の比喩」で、ソクラテスが善のイデアについて述べた、「善は存在本源（ウーシア）の彼方にある」の直接または間接の引用である。また存在者を見るのは、「あの澄み切った知性の眼だけ」であるというユスティノスの言明にたいしては、『ファイドン』の「澄み切った知性の働きだけ」（六六ａ一以下）が挙げられる。

このように本段落（四・一）には、プラトンに由来する言辞がちりばめられている。そのことはもちろん、ユスティノスの信奉していた教説がプラトン自身の哲学に合致しているという意味ではない。むしろユスティノスのプラトン引用は、それがプラトンの言葉づかいに忠実な場合もそうでない場合も、彼が若き日に属していたプラトン主義の解釈を経由しているとみなさなければなるまい。とすれば中期プラトン主義の背景も、あわせて視野におさめる必要が出てくる。ユスティノスの同時代人で、中期プラトン主義者の一人に挙げられるテュロスのマクシモスという学者がいる。この人の残した著作には、ユスティノスの段落と内容的によく通じる文章が見られる。その点を次に見てみよう。

前述のように、「存在者」についてユスティノスは、それが身体の眼に見えるものではなく、ただ知性の眼に映るのだと語っている。その続きで彼は、ひとつの理由を挙げ、われわれの魂（知性）と存在者すなわち神との親縁性を指摘するのである（『対話』四・一）。ここには、似ているものが似ているものを認識する、という論理が働いているようである。神の認識にかかわるこのような説明は、実は、中期プラトン主義の教説に強く影響されたものであったと推定される。当時のプラトン主義者、とりわけテュロスのマクシモスには、これと同趣旨の文章が見出される――「神的な存在自身は、眼に見えるものではなく、……ただ魂の知性によって……見られるのであり、それは両者の親縁性にもとづいて見られるのである。また、ただ魂の知性によって聴かれるのであり、それは両者の親縁性にもとづいているのである。(9)」ここでマクシモスは感覚の世界と知性の世界との峻別に立って、感覚は感覚的な対象にかかわること、および知性は知性的な対象（文脈においては神的存在）にかかわることを前提しており、さらに知性が神的なものを認識することの根拠として、「親縁性（シュンゲネイア）」、つまり知性も神的であることを指摘するのである。(10)マクシモスと若きユスティノスは、こうして二世界論の枠組を共有しつつ、しかも知性の「親縁性」を同じ用語によって打ち出している。もちろんこれは偶然の一致などではない。たとえば『ファイドン』の、魂とイデアの親縁性にふれた箇所（七九d三、八四b二）を、共通の源としているのであろう。(11)

知性と神的存在との親縁性を主張する文脈は、感覚の側で言えば、視覚には神的存在を見ることができないという、断定につながる。実際ユスティノスが存在者を説明する段落は、その面に触れているのである。一方、視覚に関してマクシモスの述べている内容は、ここでもユスティノスと酷似した文章が見られるので、それを紹介しておこう。視覚については、両者は共に、それが神を見ることはありえないという認識に立っており、しかもその理由を説明する言葉がきわめて似通っているのである。身体の眼は神を見ることができない、なぜなら神的なものは「色も形も有さない」(12)（マクシモス）、「色も形も大きさも有さない」（ユスティノス）からであると言う。ちなみにこの場合も、プラトンは共通の出発点になっているようである（『ファイドロス』二四七c七）。

以上からすでに明らかなように、二世界論の基本である二世界の区分は、視覚と知性の二領域分けに対応している。したがって二世界論の視覚は、ここで強い規定を受けることとなる。視覚は可視的対象に向かい、知性は知性的対象にあたるという形で、視覚の役割が限定されるのである。たしかにこれは、中期プラトン主義において常識的な視覚理解であった。アレクサンドリアのフィロンにもこういう言葉がある——「魂において知性のはたす役割は、身体において眼のはたす役割にあたる。すなわち知性は知性的対象を見、眼は視覚的対象を見る。」（『世界の創造』五三）このように語るとき、プラトン主義の学者達が、視覚の役割を固定的にのみ捉えていたのか、あるいは視覚もまたその働きを高めつつ変容してゆくものと考えていたのか、たしかに検討の余地が残されてはいる。視覚もまた変容して、知性との共働関係に入るような展開図式を、人によっては構想していたとも考えられるのである。しかし中期プラトン主義者達の言葉の前面に出てくるのは、やはり、主として固定的な分業の印象を与える文章であることは否定できない。現に海辺の対話におけるユスティノスは、もっぱら視覚の限界、つまり神を見るために視覚は無用であることを指摘している。そして恐らくこれが、当時の学派の見解を代表するものであったかと思われる。ともかくわれわれはこの点に、あらためて注意を払わなければならない。と言うのも海辺の対話において老人は、視覚と知性のこういう分業制に異を唱えようとしたと思われるからである。その内容は次項において扱うこととなろうが、知識は、視覚によって見ることから得られるという趣旨のものである（『対話』三・六）。これに対し若きユスティノスは、ここでもプラトンの名を振りかざしつつ、神的存在について老人の考えが不可能であることを主張している——、

父よ、神的存在は、他の生き物と同じように人々の眼に見えるものではなく、プラトンが言うように、ただ知

性によってのみ把握されるのです。（『対話』三・七）

「ただ知性によってのみ把握される」は、身体視覚の排除を意味する言葉と受け取れる。それは、アルキヌースの次の言葉と並行させることによっても、確認しうる解釈である。「神は言葉に言いえざる者であり、ただ知性によってのみ把握される。」（『プラトン哲学綱要』一〇・四）この文章を補うようにアルキヌースは、「神」が善悪、差異・無差異、性質・無性質などあらゆる属性を越えていると付言する。(13) したがって彼の考えによれば、感覚が第一知性の認識に寄与するはずはないことになる。それはテュロスのマクシモスが、「神的なものは色も形も有さない」と視覚を否定し、「ただ魂の知性によって……見られる」と言っていたのと、大筋において一致する。

若き日にユスティノスの従っていた哲学教説について、主要な面に注目してきた。当時の彼の立場を中期プラトン主義の二世界論と特徴づけうることも、以上において明らかにしえたと思う。ただそこでは、二世界論の構造を示すことに記述の主眼があった。それによって、理論の概要を示すことはできたと思う。しかし個別の主題について論じることは、ほとんどしていない。そこで最後に、二世界論の論点のひとつである視覚について、若干の考察を試みておこう。

範型似像と言う時の、似像を捉える視覚とはいかなるものであろうか。この点から考えてみたい。可視的な世界のなかで、われわれは複数の類似物を見分けながら生きている。今わたくしはペンを使って文章を書いているが、「ペン」と言えば、それでおびただしい数のペンの似像を思い浮かべることができる。また「親切」と言えば、人生において出会った親切な顔をいくつも思い出す。それはすべて、類似のものを視覚が見分けているからである。すなわちわれわれの感覚には、等しいものや似たものを見抜くすぐれた特性があるからである。これは経験が教えてくれるとおりであって、その例を数えればきりがないほどである。たとえば母親は泣き声によって乳児の要求が何であるかを察知する。つまり乳児ですら等しい感覚（空腹など）を等しい泣き声で知らせるから、母親は経験で泣き声の意味が分かるようになるのである。その場合乳児の感覚は毎回、空腹を痛みと混同することなく、空腹を空腹として感じとっているわけである。

もうひとつの例としてガリレオの加速度の実験を挙げることができる。[14] それは等しいものを知る感覚の、見事な例証になっている。加速度の測定をするために、ガリレオは滑り台のような装置を用意し、そこに重い球をころがしたと言う。しかも傾斜をつけた台の真上には、台と並行に線が張ってあり、線にはごく小さな鈴がいくつも吊り下げてあった。こうして球をころがせば、鈴はチンチン……と鳴る仕掛けになっており、ガリレオは次々に音を立てる鈴に耳を澄ましていた。そういう実験をなんども繰り返しながら、鈴の位置を調節し、とうとうすべての音の間隔が等しくなるまで、それを続けたのである。こうしておいて彼が最後にしたのは、線上で鈴と鈴の間隔を測定することであった。測定値を順に並べてみれば、単位時間内に球の走る距離が、どのように増大するかが分かる。するとそこから、加速度が割り出せるというわけである。この実験は、ガリレオのすぐれた着想の一例である。また彼の耳がいかに正確なものであったかも、そこに示されている。しかしまたこの実験は、聴覚というものが、等しい時間間隔を聞き分けることにおいて、すぐれた能力を発揮するという事実を語っている。わたくしが力説したいのはこの点である。人間の感覚は、等しいものや似たものをいかに敏感に察知することか。このように考えてみれば、自然科学の法則なども、同じ現象が繰り返し起る、その等しさ（類似性）に気付くことから出発している、と説明しうるであろう。

これらの例が示すように、範型似像論は、等しいものを見抜く感覚に出発点をもっている。これによって知覚対象X_1X_2……X_nが、似像群として選び出されるのである。さて、このように似像群を取り出してみると、そこで新たな局面が見えてくる。すなわちこういう問題が発生するのである。視覚による似像群X_1X_2……X_nが一まとまりの群として存在するのはなぜか。一性の根拠を問わねばなるまい。これに対する二世界論の答えは、もちろん範型イデアである。イデアの一性に対応して、感覚世界の似像群がひとつにまとまる。たとえばここにカシワの林があるとする。木立の一本一本がたがいに似て、しかも一なる似像群をつくるのはなぜか、と問うなら、植物図鑑に挙がっている特徴群をもって答えることができる。カシワの木は共通の特徴をもっているから、たがいに類似し、ひとつの群を作るのだと言えば、問題は片付くのではないか。似像群をこう説明することに対し、二世界論は、もちろん否定回答で応じる。範型は一なるものであり、その一性は（視覚ではなく）知性の対象でなければならないからである。そのような「一」に対比する時カシワの木の特徴群は感覚世界に属し、しかも「一」と呼べるような資格を有していない。なぜなら特徴群だけからなるカシワの木を想像してみても、そこにはカシワの生命が見られないからである。特徴群だけを備えたカシワの木なら、人工的に紙などの材料を使って製作することができる。（この議論で、類似性の根拠をカシワの遺伝子と答えることもできる。しかし、遺伝子に類似性の根拠を求めるとすると、次の問題が生じる。遺伝子には様々の種類があって、ヒトの遺伝子もあれば、カシワの遺伝子もある。ここで様々なものがそれぞれの「遺伝子」の名で呼ばれるのは、それが似像群を作っているからである。とすると、議論は振り出しにもどってしまう――「いかなる根拠によって遺伝子の似像群は存在するのか？」「遺伝子の範型によってである。」）

以上のようにして二世界論は、視覚の限界を強く意識する。視覚には現象の根拠が見えない、という前提から、視覚と知性の二領域分けが生じる。これが、二世界論の語る視覚について、確認すべき第二の点なのである。

老人の教え

視覚の理解をめぐって、老人の教えはユスティノスのプラトン主義と鋭く対立する。それは二世界論の、視覚と知性を領域分けする前提に対抗してなされる、老人の厳しくまた難解な批判のうちに、読み取らなければならない教えである。もちろん二人の対立点は、視覚の問題に限られてはいない。知性は神を見うるか否かの問題、輪廻転生説の可否、魂の不滅性の問題などにも論争は波及している。しかしそのなかで、視覚をめぐる議論に特に注目する理由は、それが、「哲学とは何か?」の問いから直接発生しているからである（『対話』三・四―七）。視覚をどう考えるかに対応して、哲学の何たるかも変る。視覚を論じるとは、そういう事柄なのであろう。対話の内容を追ってみたい。

「哲学とは何か?」という老人の問いに対し、哲学青年は「存在者の学知（エピステーメー）であり、真理の知識です」と答えている。この答えの後半にある「真理の知識」は、およそのところ前半部の言い換えと考えてよい。事実これ以降老人の言葉は、もっぱら「存在者」と「エピステーメー」に集中し、後半の句にはまったく注意を払わない。こうして老人が次に発した質問は、「君は神をなんと説明するのかね?」というものであった。これに対するユスティノスの答えは、先にも言及したものである(15)――「それは同一基準を多様に示しつつ、つねに同一のあり方を保つものであって、他のすべての存在の根拠なのです。それは正に神であります。」このやりとりについては、説明を繰り返す必要はあるまい。

神のエピステーメーが議論の地平に現れたことで、老人は喜びを示し、ここから問題の核心に迫ろうとする。

すなわち先ず、「エピステーメー」という語の多義性に目を向ける。この語は「知」「学知」「専門知」などと訳されるが、ここで老人は、技術について言われるエピステーメー（専門知）という語を、神についても適用しうるかを問うている——、

エピステーメーというのは、様々な事柄につけた共通の名ではあるまいか。たとえば技術の場合すべて、そのどれかひとつについて知識を有する者が学識者（エピステーモーン）の名で呼ばれているのであり、軍事技術・航海術・医術はその例である。しかし神や人間にかかわる場合、事情は別である。人間や神にかかわってそれ自体の知識をもたらし、さらには神人の神性や正義の知識をもたらすものは、ひとつのエピステーメーなのであろうか。（『対話』三・五）

これに対してユスティノスは、「その通りです」と答える。すでに哲学の規定として「存在者のエピステーメー」を語っているので、神についてもエピステーメーを認めないわけにはゆかないのである。かくして技術についても、神や人間についても、同じようにエピステーメーの語が適用される。とするとここで、当然新たな問題が発生するであろう。二つのエピステーメーは同じか、それとも違うのか。違うとすれば二者は同名にして異義ということになるが、その場合どこに相違があるのか。このような疑義を込めて、老人はさらに質問を重ねる——、

それではどうだろうか。人間や神を知ることは、音楽・算術・天文学のたぐいを知ることと同様であろうか。

（同三・六）

ここに見える「音楽・算術・天文学のたぐい」とは、後世の七つの自由学科における理科系四科目にあたる学科で、一言でいえば科学である。したがって老人は、科学知という意味でのエピステーメーと神人を知るエピステーメーとは同じかどうかを、この言葉で尋ねたのである。先の引用と同じく、ここでも専門知と対照をなす形で、神人のエピステーメーが問われている。そしてこれは、対話の発端にある「存在者のエピステーメー」という哲学規定に照準を合わせた問いなのである。さて、二つのエピステーメーが同じかと問われたユスティノスは、もちろん、「いえ決して」と答える。と言うのも神のエピステーメーは哲学であり、哲学が技術知や科学知のひとつであるとは考え難いからである――科学知、技術知が神にかかわることはありえない。こうしてユスティノスとしては、「いえ決して」と答えるしかなかったであろう。ところがこの答えによって彼は、老人の鋭い批判を招くこととなる。これまでの自身の主張を、この答えが裏切っているのである。老人は、「それならさっき君のくれた答えは、正当（オルトース）なものではなかったのだ」と言って、その点を突く。この「正当」は種々に解釈されようが、恐らく、「存在者のエピステーメー」というさっきの説明が、エピステーメーの多義なることの承認に照らして、あるべき仕方での説明ではない、という意味であろう。二つのエピステーメーの区別と、それがどのように異なるかの説明をふくまぬ公式的な解答は、「正当」なものではない、ということであろう。なぜなら、正当でないことの理由を説明する次の老人の言葉は、再びエピステーメーの区別を扱っており、結局、前後の言葉は、ことごとくこの点に集中しているからである――、なぜならある種の学知（エピステーメー）は、学習または習熟によってわれわれのものとなるのに対し、ある種のものが知識（エピステーメー）をもたらすのは、見ることに由来しているからである。誰かが君にこう言ったとしたらどうだろう――〃インドにはある動物がいて、それは他に類を見ない相貌をしているのだ。しかしそれはこれこれの種類であって、多様な外観と多彩な色を有している〃、と。だがそう言われても君は、その動物を見るまでは知っていることにはならないし、動物について何の説明の言葉も語りえないであろう。見た人から聞いているのであれば別だが。（同三・六）[16]

この発言は重要な内容をふくんでおり、しかも難解であって、研究者たちの錯綜した論争の焦点となってきた。海辺の対話の意味は、この言葉をどう理解するかにかかっている、と言っても過言ではあるまい。問題はどこにあるかと言えば、二種の知識に関する老人の説明である。「学習または習熟による」知識と、「見ることに由来する」知識とは、それぞれいかなるものであって、どのように区別されるのか。どこに区別の基準があるのだろうか。[17]

老人の語る言葉に耳を傾けたい。そこで先ず、「学習または習熟」から生じる知識とは何かを考えてみよう。言うまでもなく「軍事技術・航海術・医術」（三・五）などの技術であり、また「音楽・算術・天文学」（三・六）の科学である。すなわち体系性をもった技術と科学であり、通常、制度的な教育によって伝達される知識である。とするとここで問題となっているのは、新知識の発見とか発生の位相ではなく、既成の知識の獲得ないし学習の位相である。「音楽・算術・天文学など」という、後世の自由学芸七教科に通じる科目名が挙がっていることを見ても、それは明らかであろう。[18]そういう位相で考えた場合、知識の習得は、心に習性（慣性）がつくという形で成立する。ちょうどラジオ体操が身体のリズムや慣性として習得されるように、科学・技術も心の習性、習い覚えによってその人の知識となる。例えば「ドリル」は反復練習である。予習復習というのも同様であろう。日本語の「習う」は、くりかえし練習して知識や技術を身につけることである。これが老人の言う「学習または習熟」にあたる。

では次に、「見ることに由来する」知識を考えてみよう。それは神や人を知る知識であった。老人は例を挙げて説明し、哲学青年ユスティノスにこう言うのである。「誰かが君にこう言ったとしたらどうだろう――〝インドにはある動物がいて、それは他に類を見ない相貌をしているのだ。しかしそれはこれこれの種類であって、多様な外観と多彩な色を有している〟、と。だがそう言われても君は、その動物を見るまでは知っていることにはならない。」この例話は何を教えるものであろうか。老人の力点がどこにあるのか、こう考えてみよう。「他に類を見ない相貌」という点で、類型的な分類を越え、比較を絶しており、他にたとえて言述することを許さぬ存在であると言い、しかしそれにもかかわらず（アッラ）、「これこれの種類」に属するものだと説明してみても、やはりその獣を眼で見るまでは、あるがままに知ったことにはならない、と主張しているのである。ここには、怪獣独特の、あるがままの偉容を知ることへの志向がうかがわれる。老人はそういう視覚を打ち出しているのである。ここで思い出してみよう。範型似像論を根拠づける視覚は、いかなる視覚であったかを。それは老人の唱える視覚と鋭く対立している。なぜなら範型似像論の視覚は、似像の群とか集団を捉える点に特徴を示すからである。

老人の主張する第二の種類の知識は、例話によれば、動物独自の比較を絶した、あるがままの相貌を知る知識である。このような知識を老人は、「人間や神にかかわるそれ自体の（アウトーン）知識」（『対話』三・五）とも言っていた。種別や類型によって置き換えるのではなく、そのあるがままに知ろうとする知識は、見ることから出発する。これが老人の考えである。すなわち二世界論の基底をなす、等しいものや似たものを見抜く視覚とは別の、もう一つの視覚を老人は唱えていることになる。似像集合を形成する視覚の働きと別に個々の存在をそのあるがままに知る可能性を人間の視覚に認める、そういう立場なのである。それによって老人の教えは、二世界論の限界を超えてゆくのである。

ひとりの人を類型にはめず、あるがままに知ろうとするなら、われわれは見ることから、あるいは聞くことから始めなければならない。その時、何らかの説明の言葉が生まれることであろう。けれどもその言葉は常に不十分であって、あるがままには遠く及ばない。「神を見る」場合にはなおさらである。したがってこの知識は永遠の探究を必要とし、専門知におけるように、既成の体系的知識を伝授するようなことはできない。また科学や技術のようには、概念化することも類型化することもできない。それは美しい景色を見ることに似ている。言葉に言い尽くすことはできないが、見るたびに心が豊かにされるのである。この種の知識は見ることに源泉を有する。

ではどうなのか。視覚からの出発は、どのように「神を見る」ことへ至るのであろうか。それには先ず「見る」という働きがどのようなものか、この点から考えてみなければなるまい。一般に「見る」ということは、理科の教科書に出てくるような眼球の断面図をもとにして、光学的に視覚像を映す仕組みと説明されることが多い。これは視覚をカメラに置き換えて、客観的な構造として理解する立場である。すなわち網膜上に結ぶ映像が、見る主体にとってのデータの位置をしめ、後は神経や脳などの生理学的構造のなかでデータ処理が行われる、といった具合の情報処理理論になっている。したがって視覚は客観的なデータをもたらし、それに続く情報処理の過程が、データに意味を付与するのだ、と言うのである。とするとこの理論は、意味を持たない客観的なデータなるものを前提しているわけで、意味をもたないもの、すなわち無意味で理論化できないものを、理論に組み込んでいることになる。ここで致命的欠陥を負っているのである。(19)

確かに、意味のない視覚などというものは考えることもできず、現実の視覚の働きとは異質であるとの感を免れない。われわれに何かが見えると言う時、それは何らかの意味あるものとして見える、としか言いようがないからである。美しい花が見えるのは、花がそれだけで見えていて、そこに「美しい」という意味づけをしているからではない。この場合の花の視覚は、美しいという判断抜きにはそもそも成立していないのである。では単に、花が見えるという場合はどうか。これも同様であって、まったく意味を欠いた、わけの分からないものが見えていて、それに花という意味づけをした結果、花が見えるのではない。それではさらに、暗がりのなかに正体の分からないものを見て、近付いて見たら花であったという場合はどうか。これも同じである。最初に正体不明という意味をもったものが見えたのである。

このように視覚は、必ず、意味をふくんだものとして成立する。そして意味内容は、言葉になることもならないこともあると、一応考えられる。だが、言葉にならない場合、その意味を知ったことになるのであろうか。いやそもそも言葉にならないものがあるということを、われわれはどのように知ったのであろうか。この問いにたいしては、ある予感によって、と言うしかあるまい。渓流に遊ぶ岩魚の姿を見て、その美しさを、どれほどの形容をもって語ったとしても、語り終えた瞬間、語りえないものが深くひそんでいることを予感するのである。これは、語りえざる意味の予感と呼ぶこともできよう。ここで大事なことは、予感が視覚に発している点である。もちろん日々の経験においては、このような予感は気付かれることもなく、見棄てられて、暗闇のなかに埋没してしまうことが多い。けれどもそれは、見ることから出発して、語りえざるものの知へと向かう可能性を秘めている。

これが、海辺の老人の語っていた、「見ることに由来する」知識であると、わたくしは解釈する。見ることから出発して、語りえざる者、神へと向かうことを、要約して「神を見る」と言うのである。では何を見ることから出発すると、老人は言うのか。預言の成就として受肉したロゴス・キリストを見るのである。老人はこう言っている――「既に起り、現に起っている（キリストの）出来事が、預言者達の語った言葉への同意を余儀ないものとするのだ。」（『対話』七・二）この言葉は二つのことを語っている。（一）「既に起り、現に起っている出来事」とは、キリストの受肉を中心とする歴史事象を指しており、それは視覚的な事実であること。（二）視覚から出発して語りえざる神へと向かうのであるが、その行程は預言者の、キリストの受肉を予言する言葉を経由すること。以上の二点は、回心以後のユスティノスの哲学思索を、基本的に定めるものとなる。たとえば、「事前に告げた預言者達の言葉が預言どおりにかつても今も成就することを、視覚によっても（オプセイ）見ることができるので、そのゆえに預言の言葉に否応なく同意する」（『一弁』三〇・一）と述べる教父の言葉は、そのことを示すもうひとつの例である。

二世界論を超えて

インドに棲む動物の例によって、視覚から出発するエピステーメーの重要性を力説した老人に対し、プラトン主義者ユスティノスはこう答えている――「父よ、神的存在は、他の生き物と同じように人々の眼に見えるものではなく、プラトンが言うように、ただ知性によってのみ把握されるのです。」（『対話』三・七）この言葉によってユスティノスは、己の視覚理解（とその限界）を表明している。先ず、哲学の目標である「神を見る」ことの探求過程から、視覚を除外した。視覚は、神の探求において何ら実質的な役割を持たぬ、ということである。上述のように、これは二世界論の基本的立場であった。次に彼は、老人の考えを捉え切れぬまま、視覚からの出発とは肉眼で神を見ることであると誤解した。しかし老人が言っていたのは神の知識（エピステーメー）が視覚から始まるということであって、身体視覚が神を、日常的な意味で見るということではない。老人の言わんとするところは、視覚が、語りえざる者の予感をはらんでいること、したがって視覚は、二世界論に言う感覚領域を突破する可能性を秘めるものであること、である。若きプラトン主義者は、そういう視覚を想像しえなかった。ここに二人の大きな相違がある。

二世界論と老人の教えとの視覚に関する対立は、当然、様々な論点に波及せずにはいない。二人の哲学の異なったあり方は、この対立点に結びついている。例えば、哲学の究極とされる神（存在者）の知識について、二人の説明はまったく異なったものとなる。人間はどのようにして神の知識に達するのか。この問題に対しユスティノスは、「われわれはかの澄み切った知性の眼だけで、かの存在者そのものをまざまざと見ることができる」（『対話』四・一）と言う。「知性の眼だけ」は、明らかに身体の眼を排除している。老人の主張はこれと対照的である。老人によれば、神や人間にかかわるそれ自体の知識に至るのは、「（視覚によって）見ることに由来する」（同三・六）。では何を「見る」ことからの出発かと言えば、神、人、インドの動物など、すなわち全体的相貌を有するものである。もちろんわれわれに見えるのはそれ自体ではない。そのあるがままの姿ではなく、その暗示ないし予兆に過ぎない。けれども視覚からの出発は、見ることにおいて、言葉に語りえぬ何かに触れているがゆえに、その何かを知ろうとする。ただしわれわれの言葉が存在を規定するのではなく、存在がみずからの輝きを示す時を、われわれはじっと待つのである。これと比較して、二世界論の構想する視覚は、正反対の結果につながる。そこで言う視覚は範型似像論に規定されている。似像を見分けることには敏感であるが、感覚対象を似像の群ごとに類別して捉えると言う以上、対象をそれ自体において見ようとする視覚ではありえない。それは対象を類型において捉える視覚なのである。そして各似像群には、「猫」とか「愛」などの名辞がレッテルのように貼り付けてあることは、われわれの日常経験が教えるとうりである。つまりこれは、日常言語の分節に対応して感覚対象も類型的に分節する、と言うことである。その上でそれぞれの類型存在の根拠として範型イデアを措定する。(20) 二世界論はこのような構造に立脚して、感覚界の存在を説明する。とすれば結局、この種の存在論は、日常言語の分節をそのまま受け入れているのだ。そのため、日常言語が存在を規定する、そういう理論水準に留まることとなる。存在が語るのではなく、われわれの言語が存在を語り、存在を規定するのである。

海辺の老人の口を借りて、本書の著者ユスティノスが見ることからの出発を力説したのには、キリスト教固有の動機もあった。受肉という動機である。言葉に語りえぬ者、不可視なる神に至る道は、受肉において可視となった「言葉（ロゴス）」を経由しなければならない（『対話』一二七・四ほか）。受肉せるロゴスの可視性なくしては、視覚からの出発も主要動機を欠くこととなる。しかも受肉とは、預言の成就としての受肉であることを考えれば、受肉せる言葉・預言の言葉・言葉に語りえぬ者を結ぶ、言語哲学的な構想がここには感じられよう。かくして視覚からの出発は言語の考察と一体となり、語りえぬ「神を見る」境地を目指すのである。海辺の対話において老人からユスティノスへと引き継がれた思索は、このような展開を見せることとなる。それは視覚と言語の究明をふくんだ、キリスト教形而上学と呼ぶことができよう。

（1）　著書の形で出版されたものとして、代表的に次の三点を挙げておく。N. Hyldahl, *Philosophie und Christentum.*

Eine Interpretation der Einleitung zum Dialog Justins（=Acta Theologica Danica 9）, København, 1966. J. C. M. van Winden, *An Early Christian Philosopher. Justin Martyr's Dialogue with Trypho*, Leiden, 1971. R. Joly, *Christianisme et philosophie.* Études sur Justin et les apologistes grecs du IIe siècle, Bruxelles, 1973.

（2）『トリュフォンとの対話』序文の校訂テキストとしては、前掲 van Winden, *op. cit.*, pp. 7-15が優れている。本書の執筆においても、これを底本とした。ただしこれは、序文のみの校訂である。『トリュフォンとの対話』全文をふくむ校訂本には、E. J. Goodspeed, *Die ältesten Apologeten*, Göttingen, 1914. D. Ruiz Bueno, *Padres Apologistas Griegos* (s. II), Madrid, 1954 などがある。また現代語訳として参照したのは、主として Ph. Haeuser (übers.), *Des heiligen Philosophen und Martyrers Justinus Dialog mit dem Juden Tryphon*, Kempten/München, 1917 (Bibliothek der Kirchenväter 33) であり、これは諸他の欧米語訳より信頼できる。この他に日本語訳として、三小田敏雄訳「ユダヤ人トリュフォンとの対話（序論）」（教文館版『キリスト教教父著作集1　ユスティノス』、一九九二年に所収）などにも助けられた。

（3）van Winden, *op.cit.*, p. 70 f. を指している。

（4）拙稿「ユスチノスにおけるロゴスと予言――序説」『中世思想研究』三二号、一九九〇年、七一―八〇頁を参照されたい。そこで強調したことは、預言の言葉を哲学的に考察する姿勢を共有するという意味で、老人の教えと『第一、第二弁明』とが連続している点である。

（5）ここに述べた年代決定の問題については、教文館版『キリスト教教父著作集1　ユスティノス』所収の拙稿、「ユスティノスの生涯と著作」（五―八頁）および「『第一、第二弁明』解説」（一七五―一七八頁）を参照されたい。

（6）『対話』四・二―七において、プラトン主義者ユスティノスは輪廻説を唱え、老人の批判を浴びている。当時のプラトン主義者はしばしばこの説を受け入れていた。たとえばケルソスはその一人である。それを批判して、オリゲネスはこう言っている。「ケルソスはこう言いたいのだ――と言うのも彼は多くの点でプラトンにならおうとしているのだから。魂はどれも同じ形姿を有しており、人間の魂は蟻や蜂の魂と少しも異りはしない、と。」（オリゲネス『ケルソス駁論』Ⅳ八三・三七以下）、「輪廻の神話によれば、天の穹窿から下降する魂が、理性なき動物にまで至ると言う。それも穏やかな動物だけでなく、はなはだ荒い性格のものにまで下るのであると。」（同Ⅰ二〇・一六以下）

(7)　範型イデアが直接には個々のものに触れないという点は、イデア界の統括者としての神（後述）の性格をも規定することとなろう。そういう神観の例が、『対話』一・四で言及されている。そこに登場する「わたくし」、すなわち（回心後の）著者ユスティノスは、ほとんどの哲学者が神について誤った考えを抱いている、と言う。そういう哲学者達の主張では、神は宇宙全体や類や種については心を配るが、わたくしや君や個々のものについては配慮しないのである、と。この哲学者批判の発言が、『対話』序文の冒頭部に配置されていることは注目に値する。後述するように、海辺の対話に描かれる若き日の（回心前の）ユスティノスは、二世界論の信奉者である。その立場に留まるかぎり、範型イデアおよび（範型似像論に支えられた）科学・技術は、個々の事物に直接かかわらないということを、主張しているわけである。換言すれば、この理論は個々のものをそのあるがままに説明するものではない。なお、神が個々の存在に関与するか否かについては、後三―四世紀の論争情況が報告されている。van Winden, *op. cit.*, pp. 36-39, J. Pépin, Prière et providence au 2e siècle (Justin, Dial. 1 : 4), dans : C. Laga (ed.), *Images of Man in Ancient and Medieval Thought*, Louvain, 1976, p. 111-125 参照。

(8)　『ケルビム』一三、五一、『巨人族』五〇、『言語の混乱』一〇六、『改名』八七、『神のものの相続人』八七など。

(9)　マクシモスの校訂テキストには、H. Hobein (ed.), *Maximi Tyrii Philosophumena*, Leipzig, 1910. (Teubner) がある。引用は彼の『弁論』Orationes XI 9 (140 : 10 f. Hobein) から。

(10)　二世界論においては、感覚対象には感覚が、知性対象には知性が対応する。この対応関係を、認識と認識対象との類似関係と理解した場合、神的なものを見るのは何であろうか。神的な魂あるいは神的な知性と言わなければなるまい。ここから「親縁性（シュンゲネイア）」の主張が出て来るのである。（ただし若きユスティノスは一方で「親縁性」の考えに従いながら、他方でその否定につながりうる言葉を述べている。すなわち『対話』五・四―五で老人に語った言葉のなかで、『ティマイオス』に触れつつ、魂の可死性を認める発言をしている。もし魂の神性が不死性を意味するとすれば、ここでユスティノスは魂の神性を否定していることになるのではないか。）

(11)　何かを知る魂のあり方と知る対象との「親縁性（シュンゲネイア）」について、ここに挙げた『ファイドン』の例以外にも、プラトンは少なからず言及している。特に『国家』X六一一eは、現文脈における老人の言葉に近い――「われわれと神との間にいかなる親縁性があると言うのかね。それとも、魂も神的で不死である……と言うのか。」（『対

話』四・二)

(12) マクシモス『弁論』XI九(一四三・一二、前掲 Hobein)。

(13) 通称アルビノス著作の校訂テキストには、J. Whittaker (tx.), P. Louis (tr.), *Alcinoos. Enseignement des doctrines de Platon*, Paris, 1990 (Budé) がある。(本書の表題が「アルキヌース Alcinoos」となっている点については一言を要する。この古代哲学著作の主要写本は二つあり、そのいずれも著者の名をアルキヌースとしている。しかしフロイデンタールの論文(J. Freudenthal, Der Platoniker Albinos und der falsche Alkinoos, *Hellenistische Studien* III, Berlin, 1879) 以来、写本の指示に従わずに、「アルビノス」を著者名とする傾向が一般的となった。この動向に対し、本テキストの二人の執筆者はフロイデンタールの論拠がきわめて弱いと断定し、写本通りに「アルキヌース」とする方がより蓋然性が高いと主張している。ただしアルキヌースの人物を特定する問題については、なお可能性を示唆するに留まっている。VII–XIII頁参照。) この他にもテキストの抜粋ではあるが、C. J. de Vogel (ed.), *Greek Philosophy* III, Leiden, 1973[3]が利用できる。

(14) 以下に紹介するガリレオの実験は、明治学院大学国際学部(当時)の豊田利幸先生から直接うかがった話である。このような形で利用させていただいたが、もしも内容を曲解しているところがあれば、それはもちろん筆者の責任である。

(15) ユスティノスの答えについては、本節の「プラトン主義者ユスティノス」の項、中段に解説を加えておいた。

(16) 「見ることに由来する」知識とは、後述するように、神・人・インドの動物などに関するあるがままの知識であり、したがって類型的な記述によって言い尽くされない知識である。こう考えた場合、文の主語である「ある種のもの」をどう考えればよいか、という問題が生じる。と言うのも訳文で「ある種のもの」とした原文は、実は「学習または習熟」の文と同様、ここでも「ある種の学知(エピステーメー)」とすべきだからである。(不自然な訳文になることを恐れて「ある種のもの」に置き換えた)。そこで問題は、この場合「ある種の学知」が何を意味するかであるが、二つの文の並行性から考えて、ここでも体系的類型的水準の知識、すなわち科学知技術知と考えざるをえない。とするとこの文章は、〝科学知技術知は(それ自体は類型的な知識であるが)、対象を「見ること」から出発するという条件のもとでは、非類型的なあるがままの知識の契機となりうる〟、という意味に解釈しえよう。そう受け取るなら、この文はインドの動物の例話とも明瞭な関連を有するものとなるのである。すなわち、「類を見ない相貌」という非類型的なものの知識は、「これこれの種類」の類型的知識に助けられるのではあるが、「見るまでは知っていることにならない」、つまり見ることによって真に知られる。なお、ここで「これこれの種類」と訳出した原文は *τοῖον ἢ τοῖον* である。文例として、ストア派の断片にある次の文章を参照。*τὰ εἴδη τοῖα ἢ τοῖα*, (Sextus Emp., *adv. Mathematicos* VII 246).

(17) この問題と取り組むにあたり、あらかじめ触れておきたいことがある。この問題の立て方は、すでに二種の知識の区別を前提にしている。しかしこの前提に立たない解釈も存在するのである。すなわち老人はここで、ひとつの知識のあり方を二様の表現で語ったのである、と。この説に言うひとつの知識とは、視覚聴覚などの知覚にもとづく知識のことである。したがって「学習または習熟による」の語句さえ、その意味で説明し、「見ることに由来する」と等視しようとする。van Winden, *op. cit.*, p. 66 はこの立場をとっている—— "In *αἱ μὲν γὰρ ἐκ μαθήσεως προσγίνονται ἡμῖν ἢ διατριβῆς τινος* he draws attention to that faculty which, next to seeing, is the most important for acquiring knowledge, namely that of hearing. Then *ἐκ μαθήσεως ἢ διατριβῆς τινος* can be replaced by *ἐκ τοῦ ἀκοῦσαι.*" すなわちこの学者によれば、「学習または習熟によって」は「聞くことに由来して」と言い換えてもよいということになる。

しかし、この置き換えを正当化しうる理由は挙げていないと思うので、わたくしは van Winden の考え方に従わない。むしろ「学習または習熟によって」の句は、プラトン以来の教育理論に根差したものと理解すべきではなかろうか。たとえば『国家』篇の語る守護者の教育を見れば、初等教育においては「習慣づけ（エトス）」が重要な位置をしめるのである。しかもそこで、習慣づけによる教育は哲学的なエピステーメーをもたらすものではない、とも言われている（Ⅶ五二二a—b）。つまりプラトンは、習慣によって学習する知識とエピステーメーとをある仕方で区分しているわけで、この二分法の伝統が、ここで引用した『対話』三・六の内容と通じていると、考えるべきである。廣川洋一『ギリシア人の教育』、岩波新書、一九九〇年、一〇四頁以下参照。

前述のように、van Winden の説明は立証困難と思えるけれども、それがどういう立場に立っているのかという点だけは、指摘しておかねばならぬ。この学説が前提する立場は、注意を要するからである。先ずそこには、あらゆる知識が感覚から始まるという考えが見て取れよう。そこで次に、神は身体の眼に見えないとするならば、神については知識（エピステーメー）は成立しないことになる。したがって哲学も、神の知識を空しく探求していることになる。（van

Winden, *op. cit.*, p. 67 はそう主張する。しかしそれはもちろん正しくない。『対話』序文には、彼の解釈と相容れない哲学観がにじみ出ている。そのことは本文でも指摘したが、ここでもう一点だけ触れておく。『対話』二・一でユスティノスは、哲学だけが（モネー）人を神に導くことを述べ、しかも哲学はエピステーメーであると明言している。このユスティノスは（回心後の）キリスト教指導者である。したがってもし哲学が、神の探求において無駄な努力をしている（と老人の言葉を受け取る）なら、回心後のユスティノスは、この点で老人の教えを否定したことになってしまう。それはいかにも不自然な読み方であろう。）

ではどうか。人間にはその可能性がまったく閉ざされているのだろうか。そうではない。神の側から助けがあるなら、その場合に限って人間は神を見る、とこの解釈は言う。とすると、「聖霊が授けられるなら」人間の知性は神を見る、という老人の言葉は（『対話』四・一）、具合よくこの説明につながるものとなろう。要するに、知性の限界は、聖霊の導きによらなければ突破することのできないものだ、と言うのである。ここには、哲学の限界を信仰によって越えるという、いわゆる理性対恩寵の対立図式が見て取れよう。古い時代から教父学の世界に蔓延した構図が、ここでも解釈の手引きとなっているのである。けれども、この見方は正しくない。それは海辺の対話の文脈と、明らかに矛盾していると言うのも既に述べたように、この対話は、哲学の探求が神を見ることにあるという考えを前提しており、しかも対話によってユスティノスの経験する「回心」は、強く哲学的な色調を帯びているからである。彼は回心によって真の哲学に向かったのであり（『対話』八・一—二）、哲学を棄てて信仰に向かったのではなかった。そもそも『トリュフォンとの対話』冒頭に登場するユスティノスは、回心後多年をへた時期のキリスト教指導者である。にもかかわらず哲学教師の服装をしていた。神の探求において哲学が無力であるとするなら、著者ユスティノスがこういう書き方をするはずはないのである。

(18) 若き日の哲学遍歴においてユスティノスは、ピュタゴラス派の著名な教師を訪ねたと言う。その時教師は、哲学に先立って学習すべき科目名を挙げており、それは「音楽、天文学、幾何学」であった（『対話』二・四）。ユスティノスの生きた世界においては、後世の数学系四科目にあたる科目群が、教育制度として確立しつつあったことがうかがわれる。

(19) 大森荘蔵『新視覚新論』、東京大学出版会、一九八六年、四四—四七頁参照。

(20) それぞれの類型存在の根拠として範型イデアを措定する場合、知性世界にふくまれる範型イデアの数と、感覚世界に属する類型の数とは合致するはずである。たとえば、アレクサンドリアのフィロンの次の言葉はそれを言っている。「年長の『知性的世界』に比べればより年少な『模写』であるこの世界が、かの世界にある『知性的なもの』と同じだけの種類の『感覚的なもの』を含む」『世界の創造』一六——野町啓訳「アレクサンドリアのフィロン『世界の創造』」『筑波大学　哲学・思想論叢』六号、一九八八年による。ただし一部の語句を修正した。

3　イデア論の継承

キリスト教への回心を転機として、ユスティノスの思索は、後二世紀のプラトン主義の哲学から「預言者の哲学」へと脱皮していった。われわれはそれを、二世界論からキリスト教形而上学への転回として描いてきたのであった。今や教父にとって、預言者の言葉と行為にたいする解釈の営みが、思索の場となってくる。彼の人生に新たな一歩をもたらしたものは、自伝によれば、海辺で遭遇した老人との対話である。『トリュフォンとの対話』序文において教父は生き生きとその情景を語っている。しかしそういう転回には、よく見れば、様々な動機が複合的にかかわっていたものと思われる。容易に推定しうるひとつの動機がある。それは、ギリシア哲学の預言者模倣説と呼ばれるものである。ギリシアの哲人達は、実は旧約の預言者に学んでいたのだと主張するこの説は、ヘレニズム・ユダヤ教を経て、やがてキリスト教教父達の採用するところとなった。[1] この説がユスティノスの著作に現れるのは、『第一弁明』に限られる。しかもほとんど例外なしに、預言者から学んだのはプラトンであることが明示されている——ただし『一弁』四四・九では、「愛知者詩人」が預言者から学んだとされる。したがってユスティノスの場合、限定的にプラトンの預言者模倣説と呼んでも差しつかえない程である。ここにはギリシアの哲人達に比して、プラトンの特権的地位が見られる。がそれはともかく、プラトンは預言者から何を学んだと言うのであろうか。プラトンは、と教父は言う、最古の預言者モーセから世界創造の教えを学んだのである。換言すれば、『ティマイオス』の宇宙創造論は、「創世記」の模倣であると言う。一箇所例外はあるが、ユスティノスはこれを繰り返し述べている（『一弁』五九・一、五、六〇・一、五）。したがってギリシア哲学の預言者模倣説とは、この場合、プラトンのモーセ模倣説と言い換えて良いことになる。この考えが歴史的実証の水準でどれ程奇異に見えようとも、預言者モーセとプラトンとを、ロゴス・キリスト論によってひとつの知の系譜につないだことの意味は、哲学史上、長い射程のなかで評定する必要があろう。こうして預言者の哲学は、プラトン主義との強い結び付きを基本性格のひとつとするのである。

預言者の哲学にとって、中期プラトン主義の二世界論的な世界像、人間像と決別することは避けられぬ課題であった。二世界論の超克は、どんな哲学思索にとっても試金石と言ってよい。そこに疑いを挟む余地はないだろう。だが、その超克ということに、もう少し視線を凝らしてみよう。二世界論との決別と言っても、それはどういう事態だったのであろうか。ユスティノスはプラトン主義の哲学を脱却した時に、プラトン自身のイデア論も投げ捨てたのであろうか。それともプラトン主義と別れることによって、かえってイデア論の本来の思索に沈潜していったのであろうか。これはイデア論の継承という問題になってくる。ここからしばらくは、そこに目を向けていきたい。われわれの考察は次の二つの部分に分かれる。先ず、中期プラトン主義のイデア論に対する教父の応答を明らかにする。次に、プラトンのイデア論に比して、教父の思索を理解する。

中期プラトン主義のイデア論に対して

プラトンのイデア論と二世界論との相違は、どこに認められるのであろうか。それぞれの場合に、分有説はどのようになっているのであろうか。プラトンのイデア論においては、分有という事態が力動的に発生する。イデアは現象世界に刻々と、多彩な姿をとって臨む。ここにひとつの基本的特徴が見られる。それがどのような事態を意味しているかは、後に論じることとしよう。今はただイデア論の力動的性格を指摘するにとどめる。これに対しローマ時代の中期プラトン主義者達は、イデア理解の態度が異なっている。プラトン以後の、プラトン主義の歴史の過程で、イデア論は変貌するのである。

中期プラトン主義の二世界論は、分有を生得的、静態的に理解する。代表的な例にその自然観がある。一般に中期プラトン主義は、自然界の内部にしかイデアの分有を認めなかった。つまり人工物については、イデアの分有を認めなかったのである。セネカの『書簡』五八によって伝えられるプラトン主義者（アレクサンドリアのエウドーロスか？）、あるいは『プラトン哲学綱要』の著者アルキヌース達は、そのことを言明している。(2) そういう主張が出て来る根拠は、必ずしも明らかではない。しかし、ひとつの推定は許されるようだ。当時のプラトン主義者にとってイデアとは、神の永遠かつ完全な思惟であった。それに対し人手で作られた事物は現れては消えて行くので、イデアの性格にふさわしくないものと考えられた。対照的に自然物はずっと安定した姿で存続するので、イデアの性格を忠実に反映している、と考えられたのであろう。人の世は変わっても、梅の花は変わらぬ香りを放っている、と古人の言うようにである。

では、動植物はどのように知性的秩序に関り、分有するのだろうか。二世界論では、動植物の「類」または「種」が分有するのだと言う。類、種という固定的で安定した存在領域においては、分有が認められる。しかし類、種より下位に位置付けられる個別の存在においては、分有は認められない。個々の寝椅子とか机、ソクラテスとかシミアス、わたしとかあなたにはイデアは関らない、と言うのである。するとどういうことになるのか。個人や個物には関らないと言うのであれば、イデア論の、現象世界を説明する役割は半減することになろう。イデア論の適応範囲が狭められたということである。こうして結局、中期プラトン主義の哲学は破産してしまったのであろうか。確かにそうも考えたくなるのである。しかし、事はそれ程単純ではない。実は、そう言い切れない事情が別にある。すなわち個人や個物の問題、あるいは人間の行為の問題にたいして、中期プラトン主義は、或る仕方で取り組んでいたからである。イデア論の他に、彼らは神の摂理（プロノイア）の理論を展開していた。神の摂理の考えを、イデア論を補完する形で論じていた。目下の問題とも関連して、こういう問題が提起されている――、「神の摂理は個人にも及ぶのか、それとも人類や人種に限られるのか？」そういう問題状況が存在したのである。(3) この問いに対するアレクサンドリアのフィロンの態度は、両義的であった。

中期プラトン主義から教父達の引き継いだ財産には、イデア論と共に摂理論が含まれていた。相続の内容を見てみると、なかなかに豊かである。一例を挙げておこう。後一世紀に活動したアレクサンドリアのフィロンという人がここで参考になる。教父達の相続の様子を知る上で、フィロンは有益な知識を提供してくれる。彼はヘレニズムの教養で育ち、ストア派やプラトン主義の考え方を多く取り入れている。しかしある日ユダヤ教の伝統に立ち返り、多くの聖書註解をギリシア語で残した。ヘブライ語は不自由であったからである。著作のなかで神の摂理を論じた箇所も少なくない。神の摂理はロゴスを通じて世界に及ぶのだと、述べている。そこで語っている神はもちろんモーセの神である。したがってヘブライズムの影響は、摂理の考えに顕著に出てくる。こうして摂理の教えには、ロゴス論もヘブライズムの神観も共に支配的である。フィロンの教えは、教父達に多大な思想財を残した。

　ではユスティノスの受け取った知的遺産は、どのようなものであったろうか。残念ながら、フィロンの直接の影響があったとは言えないようである。ただ、フィロンを典型とするような思想財を、何らかの経路で継承していた、とは言えるだろう。イデア論、摂理論、ロゴス論などのテーマを受け止めつつ、教父は、古い皮袋に新しいぶどう酒を満たしたのであった。二世界論の呪縛を振りほどきながら、一方では、ロゴスの受肉の教えを導入する。そのような苦闘のなかから、思索の新しい地平が拓けたのであろう。その展望の一角にロゴス・キリスト論が座を占めていた。

　イデア論を継承するとは、ここに述べたような、錯綜した事態を意味していた。したがって、イデア論継承の過程を再現しようとすれば、相応に困難な課題が待ち受けている。だからそれは、今後の研究に譲るしかないと思う。ただ、われわれにとってひとつ確実なことがある。ユスティノスは生涯にわたって、プラトンを尊敬していた。これはすでに指摘したことである。ただしもうひとつ大事なことがある。教父は預言者たちを敬慕していた。この点も忘れる訳にはいかない。預言者の群像のなかでも、モーセは際立った地位に立っていた。教父がモーセから学んだ神観は、イデア論の理解に衝撃を与えずにはいない。ユスティノスがイデア論を継承する際に少なからぬ意味を持ったのは、この点であった。なぜなら、預言者を通じて神（ロゴス・キリスト）が歴史に介入する仕方は、自由であり力動的でもあったからである。われわれはその、聖書解釈上の展開を、本書第二章、第三章で学ぶこととなろう。そこで当面は、ユスティノスにおける分有の力動性というテーマに議論を絞りたい。ここからは、中期プラトン主義に対するユスティノスの応答に眼を向けてみよう。

　キリスト教哲学の黎明期にあってユスティノスは、何らかの仕方で、プラトン哲学の遺産を継承していたと思われる。中期プラトン主義の仲介によってか、あるいは独立にか、ともかく彼はイデア論の影響の下で、考察を進めている。そのことをわれわれは、彼の著作を通じて察知するのである。プラトンの思考法、また用語法が、深く教父を捉えていた。今、分有説についてその一例を見てみよう。前述のようにプラトンはイデアの分有を、力動的に発生する事態と理解する。ユスティノスは、このプラトンの考え方を継承しており、現象世界に対するイデアの介入を神の「恵み」と考える。彼はそのような分有理解を、二世界論との対照を示しつつこう言っている――、

「或るもの」の種子と模写（ミメーマ）とは、それを受け取る側における能力の限界をともなっているのです。これに対し、「或るもの」自身への分有と模倣（ミメーシス）とは、「或るもの」自身の側からの恵みによって起るのです。（『二弁』一三・六）

この言葉のなかで教父は、〝「或るもの」の種子と模写（ミメーマ）〟と言っており、もう一方の立場との鋭い対照を指摘する。そこには二世界論とキリスト教哲学との、鮮やかな対照があると見てよい。〝「或るもの」の種子と模写（ミメーマ）〟という縮約した表現は、二世界論の分有理解を指しているのである。〝「或るもの」の種子〟という表現は、ストア派の影響の下で、イデアがロゴス・スペルマティコスによって置き換えられ、動植物の種子の観念と結び付いていた、当時の事情を反映している。ロゴス・スペルマティコスとは、訳せば、「種を蒔くロゴス」ということである。こうしてロゴス・スペルマティコスから蒔かれた種子が、知性的秩序として自然界に浸透し統治すると言う。すると、ロゴスの種子に相応した〝模写（ミメーマ）〟が生じることになる。ロゴス

の種子（スミレ）から模写（スミレの種族）が生じるようにである。すなわち〝模写（ミメーマ）〟とは、ロゴスの種子に似せられて生じた結果であり、拡張して言えば自然界のなかの、秩序づけられた部位である。先に触れた動植物の「類」「種」はここに属する――たとえばスミレの「種」。現象世界に生得的な秩序の相を見ようとする観察の姿勢が、その前提になっている。中期プラトン主義の分有説は、自然界の或る部位が分有の結果として、生得的に知性の秩序を模写していると主張する。その考えは自然界に留まらず、人間についても、同様に知性的部位を静態的に認定するのである。したがってその反面、善の実現を目指して、世界が胎動し生成するというような見方は後退してしまう。

このような分有理解に対し教父の言葉は、力動的な分有説を掲げている。すなわち〝「或るもの」自身への分有と模倣（ミメーシス）〟というのは、ロゴス自身への動的な、絶えざる関り方とその更新を語っている。「ミメーマ」すなわち原像から模写したものと「ミメーシス」すなわち原像を模倣する営みという二つのギリシア語表現にも、そのような対照が感じられよう。「預言者の哲学」はまさにこのような姿でイデア論を継承しているのである。預言者達の行為と言葉とは、神のロゴスから人間の側に及ぶ、力動性を帯びた関りを意味していたからである。ユスティノスのそうした預言者理解を、われわれは次章で考察の主題としたい。だがその前にプラトンのイデア論を見ておこう。

プラトンのイデア論に比して

中期プラトン主義の二世界論を乗り越えようとして、われわれの教父は、イデア論をも否定したのであろうか。ひとつわれわれにとって手掛かりとなるのは、教父の言葉ににじみ出ている、プラトンへの傾斜の姿勢であろう。

それが著作から受ける自然な印象なのである。『第二弁明』を執筆した時期に、教父は、控え目な言葉でこう述べている――「わたくしはキリスト教徒と認められることを願い、またあらゆる困難と戦いながらそれを告白する者です。それはプラトンの教えがキリストのそれと異質であるからではなく、すべての点では類似していないからです」(一三・二)。先にも取り上げたこの文章は、プラトンの教えがキリストのそれと異質ではないことを、はっきり述べている。ただしここには注意が必要かもしれぬ。ユスティノスはここで、プラトン主義を指して「プラトンの教え」と呼んだ可能性がある。それを否定することはできない。が、逆にこの言葉にはプラトンへの敬慕が含まれていないと言うならば、それもまた不自然な見方と言わなければならない。それは教父の、「ソクラテスはキリスト教徒であった」(『一弁』四六・三―四)という言明にも等しく感じられるものである。[4] このように回心以後も、プラトンへの尊敬の念は続いていたと見てよいのではないか。預言者の哲学の道を取ることによって、「プラトンの教え」を放棄したのではなかった。

ユスティノスがプラトンの名を挙げて言及する例は、著作中に一度ならず認められる。『第一弁明』『第二弁明』にはそのような例が一〇回出ており、『トリュフォンとの対話』には八回見られる。[5] 弁明二著作の場合には、プラトンに言及することによって自説を補強しようとする意図が、ほとんどの例について認められる。つまりそこでは、プラトンを肯定的に評価している。これに対し『トリュフォンとの対話』では、ほとんど消極的な評価しか与えていないように見える。そこでは、若きプラトン主義者ユスティノスと海辺の老人との対話においてプラトンに言及する例が、主要である。海辺の対話のなかでプラトンの教えを援用する哲学青年ユスティノスは、その都度老人の批判を浴びている。こうしてプラトン主義を保持することができなくなってしまうのである。とするとここに疑問が生じる。ユスティノスは結局、プラトンをどう評価していたのであろうか。『トリュフォンとの対話』が後期著作であることを考えに入れると、頭が混乱してきそうである。が、実は単純なことである。この対話に登場するユスティノスは、回心以前の、学派のプラトン主義に傾倒していた時期の若者として描かれている。彼の信奉するプラトン主義は海辺の老人の批判の前に崩れて行き、代わりに老人から、預言者に学ぶべきことすなわち預言者の哲学を受け継いだのであった。それに対し、弁明二著作を執筆し、キリスト教徒の弁護に努めるユスティノスは、回心後の、キリスト教哲学の教師である。してみれば結局、海辺の老人から伝えられた預言者の哲学は、プラトンを好意的に評価する面があったと見てよい。そう考える時、教父の言葉の底流においてプラトンのイデア論に通じるような、ある思索が潜んでいたと考えることは十分可能であろう。

次に、以上とは別の側面で、ユスティノスのプラトン像に光を当ててみよう。イデア論の継承に関して、ここで、さらに予備的な知見を探索してみたい。検討を要するのは、彼がどの程度プラトンの著作を読んでいたか、という問題である。イデア論の継承を考えるなら、やはりこの面には触れておかなければならない。ただし、プラトンをほとんど読んでいなかったとしても、思索が通底し合うということは考えられる。そこで、「読んでいた」ということの内容が問われるのであるが、これについては当時の事情があったことを、先ず弁えておきたい。後二世紀に輩出する中期プラトン主義者たちは、プラトン語録を用いていたことがほぼ確実である。(6) ユスティノスの所属したプラトン学派もそうであったと思われる。たとえば『ティマイオス』篇の一節、「万物の創造者また父なる者を見出すことは容易ではない。また見出したとしても、あらゆる種類の人々に語るのは困難である」(二八c) は、中期プラトン主義者の愛用した箇所であり、ユスティノスもこれを引用している (『二弁』一〇・六)。この種のプラトン引用は他にも例が見られる。(7) とすればプラトンを、語録を通じてしか読んでいなかったのであろうか。研究者たちはそこまで極端な見方を採っていないようである。参考のために、ここで一説を紹介しておこう。もし著作の全体を読んだものがあるとすれば、それは『ソクラテスの弁明』『クリトン』『ファイドン』『ティマイオス』であったろう、とこの説は言う。(8) この他に『ファイドロス』と『国家』を追加する説もある。

そうとすれば、プラトンの著作に触れて直接イデア論を学んだというような、積極的な判断は当面控えなければならない。プラトンからユスティノスへの直接的な影響関係を見出そうとする試みは、その手立てを欠いているのである。けれども両者の実質的な、哲学思想上の比較は、なお可能であろう。教父が回心後にも抱き続けていたプラトンに対する好意は、イデア論に対する親近感を意味していたとも考えうるからである。そこで以下においては、イデア論の実質的継承という視点から、さらに教父の著作に立ち入ってみようと思う。

プラトンとユスティノス、この二人の親近性は先ず、それぞれの哲学の発想に認められる。すなわち彼らの哲学は共通して、あるアポリアに動機づけられており、そこから出発している。もちろん二人の思索は、それぞれ別の方向に展開してゆくのであるが、同じアポリアを直視しているという点では、互いに通じ合っている。ユスティノスもそうであったようにプラトンは、現象世界にひそむ両義性のアポリアを強く意識していた。現象世界においてはあらゆる事象が、「大」「小」、「等」「不等」、「熱」「寒」、「明」「暗」、「無罪」「有罪」などの反対の名称を同時に受け入れる。かつてストラスブールに留学していた頃の経験が、今も思い出に残っている。冬の夜、寮の暖房も消えて重い寒気が支配するようになると、私などは防御的気分になってどんどん重ね着せずにはいられなかった。ところがストックホルムから来ている同寮の友人は、今夜は暑いと言って窓を開け放ち、半袖一枚で読書をしているのである。現象世界は両義性という特徴を持っている。

このような両義性を表現するために、プラトンは「反対者を包容する（タ・エナンティア・エケイン）」（『ファイドン』一〇三b）というギリシア語を用いる——これとよく似た言葉遣いがユスティノスのテキストにも見られる。現象は自己矛盾を受け入れるように思えるのであり、このことが懐疑的な態度をもたらしたことは、哲学史が教える通りであろう。懐疑主義を念頭に置く時、人はイデア論の動機をよりよく理解するはずである。

以上に述べたことからわれわれは、イデア論というものが発生する領域を捉えることができる。それは「大」「小」などの名指しの行われる場に関連している。あるいは名辞（オノマ）についての反省において成立している。この理論の根本動機は、次の問いに示されている――事象にたいする真の名指しは、何にもとづいて可能となるのか。もしも、「大きい」ものは同時に「小さい」とも呼べるとすれば、この種の名指しはすべて、相対主義の懐疑によって覆われてしまうかに見える。「大きい」と言えば大きいし、「小さい」と言えば小さいのである。その情況においてなお名指すことの意味があるとすれば、それは何によってなのか。ここにイデア論の発想がある。実際もし同一の対象が、同時に「大きい」「小さい」の二つの名指しを受容するような事態を想定するなら、そのような名指しがどうして意味を持ちえようか。意味の喪失としか言いようがあるまい。アテナイ市民の多数派がソクラテスに対して下した有罪の宣告を思い出してみよう。いかなる根拠によって人は、真の意味で「有罪である」とか「無罪である」などの名指しをなしうるのであろうか。法廷に立たされたソクラテスを指して、「有罪である」と言えば有罪、「無罪である」と言えば無罪などと言って済まされるのであろうか。

ここでは先ず、『ファイドン』の一節を思い出しておこう（一〇二b―一〇三a）。獄中でソクラテスは人生の最後の一歩を歩んでいる。彼の脇には、ファイドンとシミアスが座を占めている。ソクラテスは今、自身をふくめて三人の体格を比較する。ファイドンはシミアスより大きく、シミアスはソクラテスより大きい。つまりシミアスの体格は、ファイドンとソクラテス二人の中間である。ファイドンに比べては小さく、ソクラテスにたいしては大きい。とすると、シミアスの内には同時に「大」と「小」がある、と人は言うであろう。その時シミアスは反対の二つの名指しを同時に受け入れている。彼は大きくもあり小さくもある。これは、現象世界の両義性をありありと写した例なのである。この世界は、それ自体において自己矛盾を抱えている（同一〇三b六）。

そのような文脈で名指しを問題にする際、「名」の語は、〝エポーニュミア〟（同一〇二b二、c一〇）である。その本来の意味において、エポーニュミアは、何かに由来する名、何かにちなんだ名をあらわす。すなわちこの名は、何かにもとづいている。プラトンは、この意味でエポーニュミアを使っている。そこで、何かにもとづく名という点を念頭において、前述の話にもどろう。シミアスの内に同時に「大」と「小」がある、と述べた。とすると、シミアス自身にもとづく限り、彼は「大きくて小さい」のであって、単に「大きい」、単に「小さい」と呼ぶことはできない。つまり彼自身にもとづいては、真の名指しは成立しない。したがって意味のある、単に「大きい」あるいは単に「小さい」という名指しが成立するとすれば、それはシミアス自身に由来するものではない。

それでは、真の名指しは何に由来するのであろうか。この問いによってわれわれは、分有説の入口に立たされることになる。プラトンは、現象におけるイデアの現存（パルーシア）を指摘し、そこから解決の道を切り拓いた。大きいもの、たとえば大きい体格は、「大」のイデアがそこに現存する限りで「大きい」と名指される、と考えるのである。これを言い換えて、体格が「大」のイデアを分有するとか、宿すと言っても同じである。大きいものが「大きい」のは、「大」のイデアを分有することによってそれと同名になっているからである。いわば「大」のイデアが自己の名を貸してやることによって、貸してもらった方はそれと同名（ホモーニュマ『ファイドン』七八e）になっている。(9) 言うまでもなくこれは、イデアに由来する名指しを主張する立場である。もしここでイデアから目が離れ、大きいものの事象に視線が流れてしまえば、すべては御破算となる。現象界において、大きいものはそのままで、（比較の対象次第で）小さいものでもあるから、現象自体に依拠することはできない。イデアにもとづいた名指しの立場を採らぬ限り、われわれの歩みは、両義性の暗闇を抜け出すことができない、と言う。

現象の両義性というアポリアを越えるために、イデアの現存（パルーシア）に着目するところからイデア論の構想は出発する。それはどういう発想であろうか。なぜ、現象世界にイデアが介入すると言うのであろうか。背丈の比較という視覚に明らかな手順によって、直接、「大」「小」の判断を下してはならないのだろうか。こうして先ず問題となるのは、イデアを導入しなければならない動機である。

人の体格を比較する場に身を置いてみよう。二人の体格を比較する時に、何が見えているのだろうか。いつでも一義的に大小が見えてくるのであろうか。決してそうではない。そうではなく、時によって多様な見え方をするのではないか。時によっては、背丈の「釣り合い」「不釣り合い」を見てとることもあろう。また時によっては、「敏感」「鈍感」を感じることもあろう。さらにまた、「差の開き具合」を測る場合もあるに違いない。また時によっては……。つまり体格の比較と言っても、そこに見えているものは実に多様なのである。「大」「小」は無数の可能性から選ばれたひとつにすぎない。それなのになぜ今、大小の一面で二人の体格を比べたのであろうか。そこに驚きを覚える人がいるなら、驚きを説明する言葉を探すことであろう。その言葉がイデア論なのである。「大」（あるいは「小」）のイデアがそこに現存したから、体格の大（小）が見えたのだと、イデア論は説明する。

「そこに」現存すると言った。「そこに」というのはどこを意味するのであろうか。現象にすなわち人の体格に、と言い切ってよいのだろうか。そうだとすると何かがおかしくはないか。と言うのも大小を見てとるのは観察者だからである。ではイデアは観察者に現存するのだろうか。そう考えたくなる。しかしその考え方も不十分な気がする。大きいと判断するのは、体格についてだからである。実を言えばイデアはある仕方で、観察者と観察対象の両者に同時に関っている。主観と客観の対立を超える仕方で関っているのである[10]。

視覚によって体格の大小を判断しようとすれば、われわれの思考には両義性の混乱が生じる。体格が「大きい」と見定めようとすれば、それは同時に「小さい」からである。これに対し、イデアの現存によって思考の混乱を脱出しようとすれば、どういうことになるのだろうか。前述のようにイデアは、或る主客合一の場に来臨する。したがって当然、われわれの心に臨むという一面がある。「魂の分有」とも呼ばれる面である――これが単なる主観などでないことは、すでに明らかであろう。さて、イデアの現存によって体格の「大」を名指す場合、われわれの内には何らかの意味で「大」の観念が生じており、それに基づいて「大」と名指すのである。したがってここに言う「大」の観念とは、内なる言語としての「大」、あるいは内なる「大」に他ならない。それは、音声による「大」の名指しがそこから生れる母なのである。内なる「大」はひとつの観念であるが、それは、視覚のもたらす観念と次の点で異なる。視覚のもたらす観念は、シミアスの体格に例示される。そのように、われわれの観念が視覚に依拠して生じる際には大と小が混同し、ひとつであるかのような虚像をもたらす。これに対し内なる「大」は、たとえそこに「小」が到来しても、われわれはそこに「大」と「小」を別個に、二つの像として描くことができる[12]。なぜならこの場合二つの観念は、それぞれのイデアの現存に照応しているからである。

以上において、プラトンのイデア論を素描した。その際事例として、人の体格の大小を名指す場に注意を向けたのである。体格に目をとめる限り、現象の両義性というアポリアが避けられない。それをプラトンはイデアの現存という着想によって乗り越えようとした。プラトンのこのようなイデア論と比較した時、ユスティノスの現実把握にはどのような性格が認められるのだろうか。両者の異同を問題としたいのである。容易に確認しうる共通点がある。現象の両義性のアポリアから出発する、イデア論的な発想である。当面われわれは、それを確認するところから着手してみよう。

時々耳にする問いがある。それはこう言う――、己の殉教を予想せずにはいられぬ情況において(『二弁』三・一)、この人は哲学的思索にふける余裕があったのであろうか。これはもっともな疑問である。だが、そう問うべきではなかろう。むしろ己の置かれた苦境を克服するために、彼は哲学を必要としたのである。一例を挙げれば、キリスト教徒という「名」が有罪とされる情況が、彼に名についての考察を促した、と考えざるをえない。教父の思索は、教会の直面していた困難をひとつの契機としていた。

ユスティノスの哲学は、プラトンとは異なる方向に赴くこととなる。イデア論から、いわゆるロゴス・キリスト論へと移行して行くのである。それにもかかわらず、名指しの場を探求することにおいて、彼はプラトンの後継者であったといえよう。この点を確認しておくことが、彼の哲学を理解する上で重要な前提となる。そこでユスティノスの言葉を数例引いて、名辞に関する彼の考察の輪郭を示したい。

次の段落は、当時非難の的となっていたキリストの「名」に関する、教父の弁明の言葉である。すなわち彼は言う――、キリスト教徒という名そのものが、有罪の根拠であるかのように受け取られている。しかし名自体は有罪無罪を判断する根拠とはならないのであって、行為の点で是非を問うべきである、と。今やキリストの名は大衆的な憎悪にさらされているけれども、そもそも名というものは、告訴の理由として取り上げるべき性質のものではない。その良い例が、「愛知者」という名である。

ご注意ください。ある者共は〝愛知〟の名と外見を自認しておりますが、その公言にふさわしいことは何ひとつ行っておりません。またご存知の通り、昔の人々のなかで互いに逆の立場をとり、説いている場合さえ〝愛知者〟という、ひとつの名で呼ばれております。(『一弁』四・八)

こう言ってユスティノスは、ギリシア哲学諸派の場合を比較している。哲学者の称号を考えてみれば、ギリシアの哲人達はしばしば反対の意見を表明している(タ・エナンティア・ドクササンテス)にもかかわらず、「愛知者」というひとつの名で呼ばれている。したがって「愛知者」の名はひとつであっても、その教えの当否という点ではそれぞれである。同様に「キリスト教徒」と名指して告訴する場合にも、各人の行為の是非という点ではそれぞれに評価しなければならない。

もうひとつ別の例を見て見よう。『第一弁明』のある段落でユスティノスは、預言を宿命から区別するために、運命の不可避の介入という、ストア派の考えを批判している。そのために預言と宿命の類似という点から、出発するのである。すなわち預言は事象の生起することを予知しており、その予知を前提している。それと同じように宿命論も、誕生の時点における星辰の配置など、自然現象に依拠して人の運命を予知する――幸不幸、貧富、徳不徳等々。預言と宿命の混同が生じやすいのは、このためである。したがって教父とすれば、預言をキリスト教哲学の中核にすえる立場からして、宿命説批判により、自他を峻別する必要があったのであろう。

彼は著作において数度にわたり宿命説批判を展開している。[13] 批判の内容は大別して次の二点である――、

(一) 宿命説の「必然」に対する「自由意志」の主張

(二) 宿命説の矛盾の指摘

次の引用はこの内の後者に属する。（なお、以上の二点はストア派に限らず、占星術に対するものとも受け取られるが、引用文の前後から、それが主としてストア派に向けられていたことが推定される。）(14)

宿命がこの人を不徳にあの人を有徳に決定しているなら、反対の行為をしたり、頻繁に変化したりすることは決してなかったでしょう。またある者が有徳で、ある者が不徳ということもなくなるでしょう。なぜなら善悪を決定する宿命因は自己矛盾の行為もなす、と言明せざるをえないからです。（『一弁』四三・六）

さて、ある行為を善行とする時、その判断は何にもとづいて成立するのであろうか。善行を善行とする原因・根拠（アイティア）についての正しい説明が、ここでユスティノスの論じる点である。善悪がそれにもとづいて善悪となる原因を、宿命説は、天体自然界の現象にあらわれる宿命因として説明する。不幸の星のもとに生れたから不幸なのだ、という説明はそれである。このような現象依存の考え方に対し、ユスティノスは、具体例を挙げて反証の手掛かりとする。すなわち同一人についてさえ、善行悪行の頻繁な変化交代が見られるが、この定まりなき様を宿命説はどう説明するのか。宿命因がこの目まぐるしい変化すべての原因だと言うなら、その答えは次の批判を招く。ある天体現象が善の原因で、一瞬後の現象が悪の原因であるとすると、ほぼ同一と言ってよい両現象の間に善悪の差が出てくるのはなぜか。もはや答えることができないではないか。むしろ天体現象は、同一現象によって善を説明することにも悪を説明することにも用いられることになる。そう言わざるをえなくなるのだ。すなわちここで宿命説の説明は、「自己矛盾」に陥っている。預言者の言葉はそれと対照的である。その教えは、それにもとづいて一義的に善行を善行と判断することを可能にする。すなわち正当な名指しの根拠となる。自己矛盾に陥ることのない、そういう言葉を預言者たちは語ったと、教父は主張するのである。そのような預言の言葉の特殊性を、われわれは後に考察したい[15]。

人間世界に潜む両義性や自己矛盾を指摘するユスティノスの言葉は、社会生活の様々な側面に及んで行く。次に引用する言葉は人間の法の多様性、つまり社会と社会の間に見られる法の矛盾を指摘している。同一行為同一態度が、人間の法に応じて善悪の矛盾した名指しを受け入れる――、

けれども、人間世界の法に食い違いがある点を指摘して、ある人々の間ではこれは善、あれは悪とみなされ、他の人々の間ではかの人々の間で悪であったことが善、善であったことが悪とみなされている、と言う人もあるでしょう。（『二弁』九・三）

同様に「神」という呼称が、地域により社会に応じて、恣意的な名指しをもたらしている。同じ一本の木でありながら、神的であったりなかったり、まちまちに評価される――、

つまり、同一の対象を万人が崇敬しているわけではなく、場所によりそれぞれの対象を立てているのです。結局、同じものを崇拝していないのだから、すべての人は互いに不敬虔であることになるのです。（『一弁』二四・一）

ひとつの行為、一本の木は現象に過ぎない。同じ行為が善悪の評価を同時に受け入れ、同じ一本の木が神であ

ったりなかったりする。それ自体に善悪、敬不敬の根拠を有さぬ現象に固執すれば、自己矛盾に迷い込むばかりである。[16] かくも暗く両義的な世界に生きるわれわれは、それでもなお、この世界に正しい道筋のあることを期待すべきなのであろうか。ユスティノスは、混乱のなかにも理路の正道「オルトス・ロゴス」のあることを唱えてやまない。オルトス・ロゴスなる方が世に来臨して、あらゆる意見、あらゆる考えが正しいのではなく、あるものは悪であり、あるものは善であることを証示したと言う（『二弁』九・四）。すなわち受肉せるロゴスは世の光であって、その導きにより両義性の暗闇から解放され、こうして真の名指しが可能となる。悪と思えば悪、善と思えば善というのではなく、悪を悪とし、善を善とする立場と言えよう。教父のこの主張は、先に触れた預言理解と深い関連があり、そこに彼の言語論も働いている。しかし今はそこまでの論及を避け、教父が名指しの考察に立っていることの確認にとどめる。

最後に本節の要旨を述べて、締めくくりとしたい。プラトンと同様ユスティノスは、現象世界の自己矛盾というアポリアを契機として、哲学思索に向っている。プラトンの場合にはアポリアに促されてイデア論の発想が生れ、ユスティノスの場合には、相似的に、ロゴス・キリスト論への展開があった。

自己矛盾（タ・エナンティア・ヘアウトイス）は、教父の好んで用いるモチーフである。彼はこれを三様の意味で使っている。第一は「相互矛盾」と訳してよい用法で、哲学学派間相互の矛盾（『一弁』四・八、『二弁』一三・二―三など）、法体系相互の矛盾（『二弁』九・三）に関する場合である。[17] 第二は文字通り自己矛盾を指している場合で、宿命説の混乱を指摘する文脈に出ている（『一弁』四三・六）。第三は以上の二つの用法いずれにも取れる場合である（『一弁』四四・一〇、『二弁』一〇・三）。現象にもとづいて現象を説明する方法は、自己矛盾の迷路に誘う。そこで、われわれの思考は戸惑いを覚え、その苦渋のなかから脱出する道を探し求める。そしてある飛翔を試みるようになる。現象を超える所から現象を照らす者に視線を向けるのである。

　イデアの現存という着想によって現象世界の意味を立て直す、これがイデア論の目指すところであろう。これに対応して教父のロゴス・キリスト論も、世界と歴史の意味を復活させようとする。すなわち預言者の言葉と行為を貫くロゴスと、受肉を通じて人間の生を享けたロゴスに照らして、両義的世界のなかにロゴスの正道を切り拓こうとする。その際ロゴス・キリスト論は、イデア論の基本的な契機を引き継いで行くことになる。例えば知性による知識と感覚による知識の区別、分有説などの諸契機である。しかも分有という事態が力動的に生起すると考える点で、教父はプラトンの路線を継いでいる。ロゴス・キリスト論には、イデア論の影響がそのように認められる。しかしまた受肉という、ギリシア哲学のまだ知らなかった契機を懐胎しつつ、新しい哲学の誕生を予示するのである。そのような思索の展開をわれわれは次章以下で、多彩な姿のもとに見て行くことになるであろう。

(1)　預言者模倣説は、先ずヘレニズム・ユダヤ教の土壌に芽生えたものと見られる。それからやがてキリスト教知識人に引き継がれていった。ヘレニズム・ユダヤ教の例……アリストテレス主義者アリストブロス（前一五〇年頃）、アレクサンドリアのフィロン『モーセの生涯』二・四、『創世記問答』四・五二、ヨセフス『アピオン反駁』一・二二。キリスト教の例……ユスティノス『一弁』五九・一、五九・五、六〇・一、六〇・五、四四・八、偽ユスティノス『ギリシア人への勧め』一四、アレクサンドリアのクレメンス『雑録』一・一五〇・一―四（アリストブロス引用）、タティアノス『ギリシア人に宛てる弁論』四〇・二、アンテオケのテオフィロス『アウトリュコスへ』三・一七、ミヌキウス・フェリックス『オクタウィウス』三四・五。
(2)　中期プラトン主義は、「イデアは、いかなる事物に対してイデアなのか？」という問いに取り組まなければならなかった。この問いが出て来る発端は、クセノクラテスにあったと見られる。すなわちイデアの定義として彼の語った、「(イデアとは) 〝フュシス〟に即して恒常的に存立するものに対する、範型的な根拠」という文章に問題があった。それは一義的ではなかったからである。この文の〝フュシス〟を、人工と対照される、「自然」の意味にとる解釈がひとつ可能である。しかしまたこの〝フュシス〟は「本性」に即して、と考えることもできる。すなわち偶発的な異常とか過誤によるのではなく、本来のあり方に従って生成した、の意味にとることもできる。こうして解釈が二つに分かれるのである。多くの場合中期プラトン主義者が採用した解釈は、前者であった。そうした流れを振り返って、五世紀のプロクロスは、プラトン主義者達の論点を十一項目に整理し、それぞれにたいしてイデアが存在するかどうかを、考察するよう求めている(『パルメニデス註解』八一五・一五以下)。

中期プラトン主義者達には、(一) 自然物についてはイデアの介在を認めるが、人工物については認めない、(二) 類、種については認めるが、個人や個物については認めない、という傾向が見られる。セネカ『書簡』五八・一六―二二の伝えるプラトン主義者、アルキヌース『プラトン哲学綱要』第九章など。J. Dillon, *Alcinous*. The Handbook of Platonism, p. 96-98 参照。

(3) ユスティノスの活動した時代には、神の摂理の問題は哲学者達の好んで議論したテーマであった。その様相は教父の『トリュフォンとの対話』序文にも反映している。そこでは「ほとんどの哲学者達」の考えとして、神は全世界やそのなかの類や種については摂理を及ぼすが、個人や個物には関与しないという説が紹介されている(一・四)。詳しくはペパン論文参照。J. Pépin, Prière et providence au 2ᵉ siècle (Justin, DIAL. 1 : 4), dans : C. Laga (ed.), *Images of Man in Ancient and Medieval Thought*. Studia Gerardo Verbeke ab amicis et collegis dicata, Leuven University Press : Louvain, 1976, p. 111-125.

(4) キリスト以前のキリスト教徒としてユスティノスが名を挙げている人々は、次の通りである。『一弁』四六・三……ソクラテス、ヘラクレイトス、アブラハム、ハナニヤ、アザリヤ、ミシャエル、エリヤ、その他多勢。同六三・一七……アブラハム、イサク、ヤコブ。『二弁』八・一……ヘラクレイトス、ムソニオス、同一〇・八……ソクラテス。

(5) 『一弁』八・四、一八・五、二〇・四、四四・八、五九・一、五九・五、六〇・一、六〇・五、『二弁』一二・一、一三・二、『対話』二・六、三・七、四・一、五・四、五・六、六・一、八・三。

(6) H. Chadwick, "Florilogien", in: *Reallexicon für Antike und Christentum* VII, 1969, E. des Places, Etudes récentes (1953-1973) sur le platonisme moyen du IIe siècle ap. J.-C., dans: *Bulletin de l'Association G.Bude*, 1974, p. 348 参照。

(7) ユスティノスは自身の回心体験を、プラトンの『第七書簡』の一節を念頭に置いて語っている。しかもそのテキストは、当時のプラトン語録に収められていたと見てよい。この点は本書第一章1節で触れた。

(8) E. des Places, Platonisme moyen et apologétique chrétienne au IIe siècle ap. J.-C., Numénius, Atticus, Justin, ***Studia Patristica*** 15 (1984), p. 433による。

(9) 『パルメニデス』一三〇e—一三一aも参照。

(10) イデアは主観と客観の両者に同時に関っている。その関り方を理解するために、便宜的に、イデアを「基準」という言葉で置き換えてみよう。メートル原器は長さの、可視的な規準である。長さを測る場合に、この規準はどのように働くのであろうか。先ず観察者にとって、一メートルより長い（あるいは短い）ものを見分ける目安となるであろう。基準の助けによって正確な視覚が生じるのである。一方測定する対象にたいしては、規準はどのように働くのであろうか。規準は一メートルより長いものを、真に存在させる。とするとここに認識と存在とが、同時的に成立しているのである。（以上においては可視的な規準を例としたが、同じことは、可視的な範型〝パラデイグマ〟についても考えることができる。）

(11) 「大」の観念とは、イデアの現存に対応してわれわれの抱く心象、内なる言語である。そこには人々の言語、文化、風土、個人史など複雑な影響が浸透している。したがって、「大」のイデアと「大」の観念とは同じではない。

(12) それゆえ音声言語の水準においても、「大」と「小」とは決して混同しないのである。日常の会話で人が「大」と言って、それが同時に「小」を意味したとすれば、そもそも言語というものは成立しない。

(13) 『一弁』一〇・四、二八・三、四三・二、『二弁』七・四など。

(14) 推定の理由は、『第一弁明』の宛名書き（一・一）に「ウェリッシムス」（マルクス・アウレリウス）の名が挙がっていること、引用の段落に先立って、ストア派批判が見られること（一九・五）、「われわれの責任能力を超える」（四三・二）などストア派に特徴的な表現があること、である。

(15)　本書第二章2節を参照されたい。

(16)　ユスティノスのこの思想は、ひとつの行為、一本の木という現象を評価する基準が現象世界の外にあることを主張する点では、一定程度の正当性を持っている。しかしながら人間世界の文化の多様性という視点に立つ時、どういうことになるのであろうか。イデア論における文化的範型の問題が生じることになるであろう。しかし教父は、「ある人々の間ではこれは善、あれは悪とみなされ、他の人々の間ではかの人々の間で悪であったことが善、善であったことが悪とみなされている」(『二弁』九・三) と言う。そしてロゴス・キリスト論の視点からローマ社会の相互矛盾を克服しようとするのである。そのように教父のロゴス論は、本質的に世界性 (今日風には国際性) を志向する。彼の著作には「全人類 (パーン・ゲノス・アントゥローポーン)」の表現が少なからず見られる。その文脈を追ってみれば、教父のキリスト教普遍主義の姿勢を見て取ることができる。

(17)　ルキアノスも哲学学派間の相互矛盾や、哲学者の自己矛盾を指摘している (『メニッポス』四―六、二一、『漁師』三一)。ただしそれは風刺の水準に留まるものであって、哲学的な内容に言及するものではない。

第二章　預言者の哲学——言葉と行為

この教父にとって、預言者達はどれほどの重みを持っていたのであろうか。教父は預言者に深い崇敬の念を抱いており、著作においてもその言行について多くを語っている。彼の哲学を理解する上で、預言者論はキリスト論にも劣らず重要な位置を占める。では、預言者とはどのような人を言うのであろうか。未だ見ぬロゴス・キリストを指差した人々である、とされる。キリストの受肉を言葉によって預言し、行為によって予徴した人々である。預言者の言行には、哲学者の学ぶべきすべてのことが隠されているのだ、と教父は言う。なぜなら預言者は、真理のロゴスとその力に満たされて、生涯を生き抜いた人々だからである。

こうしてユスティノスの意味では、聖書のほとんど全体が預言者の書とされる。[1] イザヤ、ミカ、ゼカリヤ、エゼキエル、ダニエル達の名が預言者として紹介されることはもちろんである。しかし教父が預言者として名を挙げている人々は、ユダヤ教の伝統的な（旧約）聖書三分法すなわち律法・預言者・諸書のなかの、預言者の区分に属する人々だけではない。この三分法のなかで律法の区分に属するモーセは最も古い預言者とされ、いわゆるモーセ五書を引用する際には、その著者として「預言者」モーセが名指されている。同様に諸書の区分に属するはずの「詩篇」の著者は、「預言者」ダビデであると言う。さらにはキリストも弟子達に教えを語った時、預言を語ったことになっている。キリストは預言の解釈者（エクスヘーゲーテース）という面もあるが、自身預言者であるとされる。(2) 彼は己の再臨とそれに伴う最後の審判など、自身に関わる未来の事象を預言したのである。したがってユスティノスにとって聖書を読むとは、預言者の言葉と行為を解釈することに他ならない。それが教父の思索の場であった。

預言者の書は復活後のキリストが特に弟子達に勧めて、これを読むように命じたものである、と言う。(3) しかも教父自身が、己を回心へと導いた海辺の老人から、預言者の書に真理の言葉が記されていること、さらにはその書を読む者の受ける益について教えられていた。その時老人はこう言っている――、「預言者たちの著作は今日もなお存続しており、この人々を信じてその書を読む者に、最大の益をもたらすはずである――始源について、終極について、すなわち哲学者の知るべき事柄について」（『対話』七・二）。フィロンにとってモーセは、哲学者の系譜の上で始祖の位置を占めていた。プラトンもギリシアの哲人達も、モーセに始まる系譜のなかに配置されるのである。それと同じように教父にとっても、モーセと預言者達は哲学史の源泉の命を生きた人々であった。

教父の聖書解釈は預言者の言葉に関る面と、行為に関る面とに分かれる。キリストの降誕の預言は言葉の例であり、出エジプトの行程でなされたモーセの事績は行為の一面である。教父はこの区分に自覚的に従っているようである。そこでわれわれもこの区分によって、預言者の哲学を研究することにしよう。本章で先ず取り上げるのは、モーセが荒れ野で青銅の蛇を掲げた、「民数記」の物語にたいする解釈である（1節）。ここでわれわれは宗教哲学の思索がどのようなものか、その一端を学ぶこととなろう。次に扱うのは、預言者の言葉がどういう特質を持っているか、という問題である（2節）。教父の言語論を再構成することが、そこでの課題となる。以上によってわれわれは、イデア論からロゴス論へと至る変容の過程を追認することとなろう。

（1）　聖書の著者が預言者と呼ばれることに対応して、聖霊はしばしば「預言の霊」と呼ばれる。当時のキリスト教文学には、聖霊に感じて聖書を記したという趣旨の文章をよく見かける。これを教父の場合で言い直せば、聖書は預言者の書となり、聖霊は預言の霊となるわけである。

（2）　預言者キリスト像は、『第一弁明』一九・八、二三・一、二八・一、『第二弁明』一〇・八などの箇所に読み取れる。また預言の解釈者キリストは、『第一弁明』三二・二――「見過ごされてきた預言の解釈者であるイエス・キリスト」、五〇・一二、『トリュフォンとの対話』五三・五、七六・六その他参照。

（3）　興味深いことに、ユスティノスの著作で弟子達に預言を読むことを勧めるキリストは、しばしば復活後のキリストである。『第一弁明』五〇・一二、『トリュフォンとの対話』五三・五、七六・六などはその例証となる。

1　青銅の蛇の物語――予型論の意義をめぐって

予型論と呼ばれる聖書解釈の方法がある。片仮名で〝タイポロジー〟と表記する人もいる。それは旧約の人物や事件を、キリストの出来事に先行する先触れ、あるいは予徴として読む点に特色がある。旧約は新約を予告する声だと言うのである。たとえば、パウロが「（わたしたちの先祖は）皆が同じ霊的な飲み物を飲みました。彼らが飲んだのは、自分たちに離れずについて来た霊的な岩からでしたが、この岩こそキリストだったのです」（一コリ一〇・四）と言った時、エジプト脱出の行程で起ったメリバの水の事件を、キリストの予型として解釈している。さらに福音書の記事に眼を向けるなら、イエスが「ヨナの宣教」や「青銅の蛇の物語」を、自身にたいする予徴、「しるし」として受け取っていたことも知られる。このように予型論的旧約解釈は、すでに新約文書のなかに散見され、さらに時代が下ると、教父著作のなかに少なからず認められるようになる。この方法はさらに中世スコラ学にも浸透し、トマス・アクィナス達はその乱用を戒めなければならないほどであった。予型論はまたキリスト教美術史と顕著な関連を示しており、初代教会のカタコンベ（地下墓所）に見られるフレスコ画に始まり、モザイクや教会建築にその影響を残している。[1] 現代の画家にも、予型論の伝統を継ぐ人々がいる。マルク・シャガールはその一人である。彼は「イサクの犠牲」という一九六〇年代の作品で、この手法を用いている。絵の前景に描かれているのは神の言葉に従い、ひとり子イサクを犠牲に捧げようとしたアブラハムを、主の使いが制止する場面である（「創世記」二二章）。そして後景に小さく、シャガールはキリストの十字架を書き込んでいる。つまり旧約のイサクの犠牲を、キリストの十字架の予型と解釈している。

なお初期キリスト教と同時代に、後期ユダヤ教も予型論を採っていた。[2] だから予型論的解釈は、キリスト教に固有のものではなかったのである。ユダヤ教の予型論はもちろん、別種の予型論となる。キリストを目標に見定め、その予徴として聖書を解釈するような予型論ではなかった。しかしひとつの事跡を取り上げて、後世の事件、たとえば終末の出来事にたいする予型と見る解釈法は、ユダヤ教においても行なわれていた。本節ではしかし、ユダヤ教の予型論を取り上げるほどの余裕がないと思う。したがってこれ以後は、「予型論」と言えばキリスト教のそれを指すものと、了解していただきたい。

予型論の内容と性格は、教父の時代にも著者ごとに多様である。しかしここでは先ず、予型論というものが一般的にどのように理解されているのか、その紹介から始めたい。予型論とは、通常、旧約聖書の人物や事件にかかわる記事を対象とする解釈の方法である。たとえば、アブラハムやモーセの生涯を描いた記事、あるいは出エジプトの旅程で発生した様々な事件を伝える記事などが予型論の対象となる。前述のとおり、これらの旧約記事はキリストの予型として解釈されることとなる。そのような解釈が採られた背景には、新約聖書と旧約聖書の接続・調和の問題があった。すなわち古代キリスト教の時代には、「聖書」は、今日のそれと違う面を持っていたのである。今日われわれが手に取る聖書は、新約と旧約が合本されて一冊にまとまっている。そこで聖書を読む人は、当然のごとく二つの書物の整合性を前提して読む。しかし、古代教会の信徒達は、必ずしもそのような前提に立っていない。識字率の低さや価格も考慮すると、聖書を全巻揃えているなどという人は、例外中の例外であったであろう。また知識人に限って見た場合でも、旧約と新約の接続は、決して自明の前提ではなかった。有名な話であるが、ポントス出身のマルキオンは旧約の創造神を否定した時に、はっきりと新約と旧約を切り離したのである。要するにこの時代には、旧契約と新契約、旧約時代と新約時代がどのように切り結ぶかは、未解決の、しかし緊急の課題として残されていた。(3) そういう問題情況に身を置いてみる時、予型論の立場は、ともかくも新約と旧約の調和的な関係づけを目指すものであったと言えよう。今日の歴史感覚から見れば、遠く時代の隔たった二つの事象を関係づけるような解釈は、実証主義の精神になじまぬものということになろう。しかしこの解釈方法を文化受容の態度として理解する時に、それは文化史的に無視できぬ意味合いを帯びることとなるであろう。それはちょうどキリシタンのマリア観音が、実証的な歴史感覚に照らせば無縁な二つのものを結びつけて、文化史的にはある意義を示すのと同様である。

予型論の取り上げる主な記事は、先ずモーセ規定にのっとった行為、すなわち割礼規定、祭儀規定、過越の子羊の規定などにもとづく行為である。次に人物像を描いた記事が挙げられ、族長達の生涯、モーセの行程——たとえば「青銅の蛇の物語」——などがここに含まれる。それから楽園や洪水にまつわるエピソードの分野が来る。また前述のように予型論には、解釈の方位というべきものも具わっていて、ここに挙げたような旧約の記事をキリストの生涯の先触れ、予徴として読む、そういう方位の定め方が見られる。したがって、旧約の歴史事象をキリスト論的に解釈する方法と言っても良い。

こうして予型論は、しばしば霊的、神秘的な解釈の方法として、歴史的、文法的な解釈に対比されるのである。これと似た方法としてアレゴリー（寓意的解釈）があり、両者はしばしば混同されてきた。二つの解釈法の明確な区別を立てうるか否かは、今日においても問題となっている。さらにまた、研究者の間で常に議論の的となってきたのは、そもそも予型論的解釈が正当性を有するのかという疑問である。それは、予型論の意義という問題とも関連している。本節を通じてわれわれが立ち向かおうとするのは、この問題である。

ここに紹介したような一般的理解に対比して、本節の意図する所を述べておこう。われわれは「民数記」の「青銅の蛇の物語」を取り上げ、この旧約物語を、古代キリスト教教父達がどのように解釈したのかを見ようとする。すなわちバルナバ書簡および教父ユスティノスの、この物語にたいする予型論的解釈に注目したいのである。そこから自ずと分かることは、二人の著者が同じ解釈方法を採りながらも、旧約と新約との関係づけにおいては著しい対照を示すという事実である。両者は解釈の方位を異にする。詳しいことは後で述べるが、これは注意すべき点である。と言うのも、方位を異にするという点が、予型論の意義の問題にもつながってくるからである。

「青銅の蛇の物語」は、出エジプトの道程で起ったモーセの事跡を伝える話であり、旧約聖書のなかでもひときわ印象的である。物語の絵画的な性格が早くから注目を集めてきたことは、視覚表現が少なからず伝存している事実によって知られる。しかしまた古代キリスト教文学においても、この物語は、予型解釈の魅力的な対象であったようである。ここでは研究に先立って、物語の聖書本文を引用しておこう——、

彼らはホル山を旅立ち、エドムの領土を迂回し、葦の海の道を通って行った。しかし、民は途中で耐えきれなくなって、神とモーセに逆らって言った。「なぜ、我々をエジプトから導き上ったのですか。荒れ野で死なせるためですか。パンも水もなく、こんな粗末な食物では、気力もうせてしまいます。」主は炎の蛇を民に向かって送られた。蛇は民をかみ、イスラエルの民の中から多くの死者が出た。民はモーセのもとに来て言った。「わたしたちは主とあなたを非難して、罪を犯しました。主に祈って、わたしたちから蛇を取り除いてください。」モーセは民のために主に祈った。主はモーセに言われた。「あなたは炎の蛇を造り、旗竿の先に掲げよ。蛇にかまれた者がそれを見上げれば、命を得る。」モーセは青銅で一つの蛇を造り、旗竿の先に掲げた。蛇が人をかんでも、その人が青銅の蛇を仰ぐと、命を得た。（「民数記」二一・四—九、新共同訳による。）(4)

この物語によると、蛇に咬まれた者が青銅の蛇を見上げるならば、ただそれだけで救われたと言う。けれども「民数記」の著者は、その理由については何も語ろうとしない。それはあたかも神の働きが、人間の手による一切の合理化を拒否するということを、暗黙の内に語っているかのようである。絵画的な舞台設定に加えて、そうした余韻が、この記事には漂っている。

荒れ野でモーセが蛇を掲揚した事件を、はるか後世の、キリストの十字架の予徴として受け取ること、そこに予型論的解釈がある。それは既に、キリスト教文学史の初期に見られる解釈である。われわれに伝えられている

最も早い例は、「ヨハネ福音書」のなかでイエスがニコデモに語ったとされる言葉である。そのなかで、「モーセが荒れ野で蛇を上げたように、人の子も上げられねばならない」（三・一四）とイエスは語っている。それからキリスト教文学ではないが、この時期に「青銅の蛇の物語」に言及したユダヤ教の著者達が知られている。後一世紀のアレクサンドリアで活動したフィロンはその一人であって、彼は『農耕 De agricultura』という著作の中で、この物語に寓意（アレゴリー）を見出している。すなわちイスラエルの民を咬んだ蛇は、身体的欲望に付け込んで人を死に導くものであると言う。これに対しモーセの掲げた蛇は、青銅のように固い節制を表し、人に命をもたらすものである、と解釈している（九五―九七節）。フィロンの次には、『バルナバの手紙』が来る。この著作は使徒教父文書の一書として知られるが、その著者がパウロの同伴者バルナバである可能性は無く、著者名としては偽バルナバと称すべきである。本書簡は旧約聖書中の様々な記事に予型論的解釈を施している。そのために、最初期キリスト教から始まる予型論の歴史を伝える貴重な資料となっている。そこには「青銅の蛇の物語」も含まれており、それに触れて、「モーセがイエスの予型（テュポス）を造った」（一二・五）と述べている。

二世紀の教父ユスティノスは、後期著作『ユダヤ人トリュフォンとの対話』のなかで、度々予型論的解釈を展開しており、彼に先立って生み出された多数の予型を、この一書に集成した感がある。つまりこの対話篇は、予型の宝庫という面をも具えているのである。同書において教父は四回、「青銅の蛇の物語」に言及している。そのなかに、こういう言葉を見出すことができる。すなわち、青銅の蛇の事件においてモーセは、毒蛇の力に「敵対する型（テュポス）」（九一・四）を掲げていたのだ、と。その「型」を教父は、十字架の予型として解釈しようとするのである。その際ユスティノスは、バルナバ書簡を知っていた可能性がある。なぜなら、教父の「青銅の蛇の物語」にたいする解釈を見ると、バルナバ書簡との間に――解釈の方位を全く異にしながらも――ある著しい類似点が認められるからである。

初期キリスト教徒達の、以上のような予型の解釈を取り上げることにより、われわれは予型論の真の意味を探りたいと思う。そうすることによって上述の、予型論的解釈の正当性の問題にも、何らかの解答を提示しうるであろう。この方針に沿ってわれわれは先ず『バルナバの手紙』を取り上げ、その次にユスティノスの『トリュフォンとの対話』を研究することにしよう。

『バルナバの手紙』の予型論

本書簡には、強烈な反ユダヤ主義の論調が流れている。この点は一読して明らかであり、研究者の間でも意見の一致を見ている。反ユダヤ教の姿勢は、当然、著者の旧約理解にも濃い影を落している。なぜなら同時代のユダヤ教会には、旧約聖書の規定や事件に由来する様々な儀礼、慣習が見られたのであり、反ユダヤ教の姿勢は、さかのぼって旧約解釈の営みにも作用を及ぼすからである。したがってこの点は、本書簡の予型論を考察する際に重要な前提となってくる。


著者にとってユダヤ人は「罪人、悪人」(四・二)であり、書簡の宛てられた信徒達の集団が、ユダヤ人と同化することに対し、再三警告している(四・二、六―七)。宛て先の信徒達がユダヤ教の習慣に染まることを、それほど厳しい言葉で禁じているのは、その人々の間に、ユダヤ教にたいする寛容ないし親和の傾向があったからであろうか。ともかくそのような反ユダヤ教の姿勢を、旧約聖書の様々な箇所に触れながら論拠を示し、正当化することが、この手紙の執筆方針であった。それは、著者の予型論的な旧約解釈ともかかわってくることである。

バルナバ書簡の執筆の意図は、冒頭の一文に読み取れるようである。その文章によれば、既に抱いている信仰に加えて、信徒達が全き知識を身につけるために手紙を書いた、と言うのである（一・五）。ここに「全き知識（グノーシス）」という言葉が出て来る。それは何を言っているのであろうか。これは肝心の点である。一言で表せば、全き知識とは、旧約聖書に含まれるキリスト論的な内容のことである。つまり旧約のテキスト解釈を通じて、（著者の）キリスト論に益となる知識が得られた時、その知識を指して全き知識と言う。したがって、キリストの予型として解釈しうるようなテキストも、全き知識の源泉となる。また、そのような旧約テキストは「主の言葉」と呼ばれ、他のテキストから区別されて高い地位を占めることになる。その反面、「主の言葉」以外の旧約テキストは低い評価を受ける。それはユダヤ教徒の改竄や読み込みによって混入したテキストである。混入したテキストは、ユダヤ教の外面的、現世的思考の産物であると、著者偽バルナバは考えている。

こうして可視的・外面的なユダヤ教の神殿は、キリストによる霊的・内面的な神殿によって廃止された、と著者は主張する（一六・一—二、八、一〇）。彼はその根拠を挙げて、「主はこう言われる。天はわたしの王座、地はわが足台。あなたたちはどこにわたしのために神殿を建てうるか」（イザ六六・一）を引くのである。同様に可視的・外面的な供物は霊的・内面的な供物によって廃される（二・六、一〇）。なぜなら、「神へのいけにえは打ち砕かれた心」（詩五一・一九）と言われているからである。さらに、肉の割礼はキリストによる心の割礼によって無意味なものとされる（九・四）。なぜなら、「諸民族は包皮に割礼なき者であるが、この民は心に割礼のない者である」（エレ九・二四、二五）と言われているからである。こうした例はすべて、聖書解釈における著者の反ユダヤ教の姿勢を反映するものと言えよう。こうして本書簡の予型解釈も、反ユダヤ主義と表裏一体をなすものとなるのである。

バルナバ書簡の著者によれば、ユダヤ教の教えは外面的・身体的であって、そこには救いはなく、キリスト教の内面的・霊的な教えにしか救いはないことになる。ここから、ユダヤ教の神殿、供物、割礼等々につながる記事は否定される。するとどうなるのであろうか。バルナバ書簡のような仕方で解釈を推し進めてゆく時に、旧約聖書全体にたいする評価はどのようになるのであろうか。明らかなことは、旧約の可視的・身体的な記事内容と、不可視的・内面的な内容とが、分離してしまうという点である。書簡の著者は、後者を（自身の）キリスト論に適合するテキストと見做して、それを「主の言葉」と呼んでいる。これにたいして前者は、ユダヤ人の改竄、捏造によって持ち込まれたテキストと考えるのである。このような読み方から生じる帰結は明らかであろう。先ず旧約のテキストは二つに分断されて、「主の言葉」とされる真の旧約と、真ならざる旧約とが乖離することとなる。そして真の旧約と見做される部分は、新約聖書と同化することによって固有の意義が薄れることとなる。このような解釈は、旧約のテキストの「主の言葉」とされる部分を、あまりにも性急に（著者の）キリスト論のなかに取り込むので、旧約の本来の歴史性、具体性が軽視される結果となるのである。一方、真ならざる旧約は、ユダヤ教の外面的・身体的思考の産物として廃棄されることとなる。これを全体として見れば、誰しもこういう疑問を抱くことであろう——、旧約聖書の固有の意義が不鮮明になって来はしないか。以上の点を略図で示すならば、次のようになろう——、

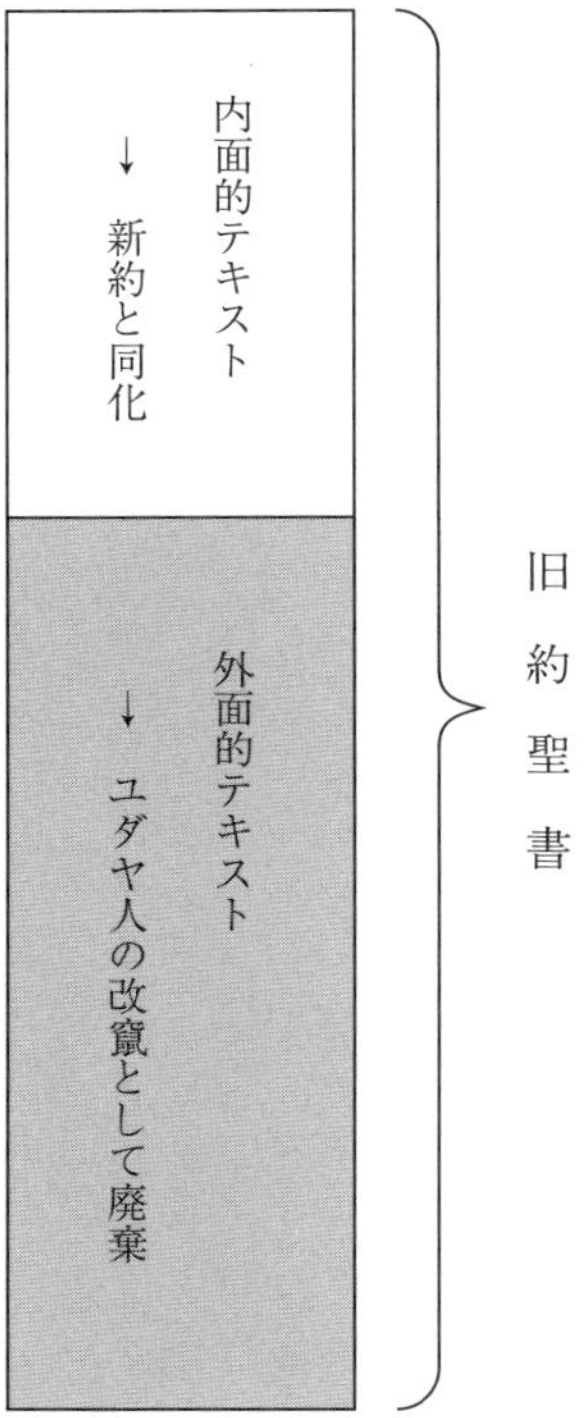

もっとも本書簡の執筆の意図を考慮すれば、ここに述べてきたことにも一言但し書きは必要であろう。著者は自身の意図をこう説明していたからである。すなわち、あなた方が抱いている信仰に加えて、全き知識を身につけさせるためにこの手紙を書いているのだ、と。このように全き知識を信徒達が学ぶために、キリスト論の一点一点について旧約の記事を引用し、自身の解釈、あるいは予型論的解釈を提示しながら筆を進めているのである。したがって書簡の著者は、旧約聖書の内容を分断することを意図していたというよりは、信徒達の全き知識への成長を願っていたと言うべきであろう。しかしそうであるとしても、意図せざる帰結としては、旧約の分断と新約化の事態に陥ってしまうのではないか。そのことをわれわれは今指摘したのである。

旧約のテキストのなかから、著者のキリスト論と適合する部分を拾い出すもうひとつの手続きに、予型論的な解釈が挙げられる。恐らくは、初期キリスト教史の過程でそれまでに蓄積された一群の予型モチーフを、バルナバ書簡の著者は受け継いでいた。彼はそれを念頭に置きつつ、予型記事の様々な例を取り扱うことができたので

あろう。次にそれを一覧してみよう――、

● アブラハムが祭壇上に捧げたイサクは（創二二）、イエスの受難の予型――七・三

● 二匹の美しく相似た牡山羊（レビ一六）の一匹は、イエスの苦難の予型――七・六

● 牡山羊の毛糸を茨の内側に置いたことは、イエスを追い求めようとするときに教会が受ける苦難の予型――七・一一

● 杖に掛けた真紅の毛糸は（民一九?）、イエスの十字架の予型――八・一

● アマレクとの戦いで、両手を差し伸べて立っていたモーセの姿勢は（出一七）、イエスの十字架の予型――一二・一

● 荒れ野でモーセの掲げた青銅の蛇は（民二一）、受難のイエスの予型――一二・五―七

● カナンの地を探らせた際に、モーセがヌンの子をイエスと名付けたことは（民一三・一六　七十人訳）、神の子イエスの予型――一二・八―一〇

● ヨセフの息子達であるエフライムとマナセを前に置いて、ヤコブが年若のエフライムに祝福の手を置いた行為は（創四八）、後の民を契約の世継ぎとすることの予型――一三・五

バルナバ書簡の予型解釈には、明らかに一つの傾向が見られる。バルナバ書簡の著者にとって予型とは、未来のイエスの出来事を予示するというだけでなく、予示するものでしかないのである。したがって、受肉に始まるイエスの生涯が実現する時には、旧約の事象や規定は、その役割を了えて廃れてゆくこととなる。そのことは前掲した予型群のいずれについても見られる特徴である。すなわち著者は、旧約の予型事象の内に、イエスの受難

など、キリスト論的事象と共通する点を探り出すことに専念しており、この意味で、解釈の方位は強くキリスト論を志向するものとなっている。キリスト論に脚光をあて、キリスト論の品格を高める意図においてのみ、予型を解釈するのである。そこからは、旧約の歴史事象に固有な意義を認めて、解釈を試みるような姿勢が退いてゆく。ここに本書簡の性格が見て取れるであろう。

以上のことを念頭に置いて、われわれはバルナバ書簡の、ひとつのテキストを取り上げたいと思う。「青銅の蛇の物語」を扱っている箇所である。これは、本書簡の予型群のなかにあって、際立った位置に立っている。この記事に最も長い議論が費やされ、しかもキリスト論との対応が詳しく論じられている。そこで先ず、著者の言葉を引用しておこう――、

［五］モーセがイエスの予型（テュポス）を造っている例を、もうひとつ挙げよう。それはイエスが受難すべきことの予型であった。しかも、人々の眼には死んだと見えたこの人こそ、人々に命を与える者となるべきことを予徴するものであった。モーセがそれを造った時、イスラエルは滅亡の危機に瀕していた。主があらゆる蛇をつかわして、人々を咬ませたので、民は死に絶えようとしていたからである――その由縁は、蛇に咬されてエバの身に生じた罪過にある。このようにして主は、人々に分らせようとなさるのだ。人々は自身の罪過のゆえに、死の患難にわたされるということを。

［六］結局モーセは、みずから製作に取り掛かることとなる。みずからが命じて、「あなた方には、己の神に似せた鋳像も、彫像もあってはならない」と言ってあったにもかかわらず、そうするのである。イエスの予型を人々に示すという目的が、彼にはあった。こうしてモーセは青銅の蛇を造り、それを掲揚して人々の眼に入り

やすくしている。彼はそこで布告を出し、民を呼び寄せる。

［七］そこで人々はその場所に参集し、自分達のことで、自分達の癒しのために執り成しの祈りをしてくれるようにと、モーセに懇願するのであった。これにたいし、モーセは人々に言った。「あなた方のなかで咬み傷を負った人があれば、木の上に掲げた蛇のもとに来させなさい。そうして、蛇自体は死んだものであるが、命を与える力があると信じて、希望を抱くように。そうすれば直ちに救われるであろう。」人々はそのようにしたのであった。この話においてもまた、あなたはイエスの栄光に接しているのだ。なぜなら万物はこの方の内にあり、この方に帰されるからである。（一二・五―七）

著者の語る「予型」という語に注意してこの文を読んでみると、「青銅の蛇の物語」にたいする解釈の言葉が、キリスト論という焦点に向って収斂していることに疑いの余地はない。「青銅の蛇の物語」において読者はイエスの栄光に接しているのだ、という言葉でこの段落は締め括られているのである。著者の解釈の方位を示すもう一例を挙げるならば、青銅の蛇とイエスとを並行的に語っている言葉である。彼はこう言う――、

イエスについて……「人々の眼には死んだと見えたこの人こそ、人々に命を与える者となる」（五）
青銅の蛇について……「蛇自体は死んだものであるが、命を与える力がある」（七）

青銅の蛇がなぜ受難のイエスの予型であるのか、その理由を二つの文の対称性に見て取ることができる。死んでいると見えたものが、実は命をもたらすものであるという点で、両者は呼応しているのである。そういう対称に

よって物語を読み解く解釈は、キリスト論への志向性を強く示している。

次に、キリスト論志向的であるということの意味を、もう少し掘り下げて考えておこう。その手始めに、こういう反問を想定してみる。キリスト論志向的だと言うが、それは表面上のことであって、歴史事象のもつ固有の意義を棄てたと見るのは、行き過ぎではないか。著者の語っていない点については、われわれも沈黙すべきではないか、と。このような疑問を抱く人に対してはひとつの推定によって答えるしかない。すなわち青銅の蛇がもたらした救いは、身体的な癒しであり、また一時的な命の保証でしかなかった。それはイエスの苦難による魂の癒しと永遠の命にたいして対照をなすものである。とすれば、身体的、現世的救いは、キリストの救いと拮抗しうるような独自の価値を持つとは考えにくい。先にユダヤ教の神殿、供物、割礼が、可視的・外面的な儀礼であるという理由で否定されていたことをここで思い出すならば、それは、われわれの判断の支えとなるであろう。こうして本書簡の解釈に従う時、予型事象は、キリストの出来事の光輝が強まるにつれ、次第に消退する定めを負っているようである。

「青銅の蛇の物語」にたいする著者偽バルナバの解釈には、ユスティノスと共通するいくつかの特徴が認められる。すでに触れた点であるが、ユスティノスがバルナバ書簡を使っているという主張は、そこに根差していたのである。それを列挙しつつ、両者の異同を明らかにしておこう――、

（一）予型記事一覧（前掲）を見ると分るが、ひとつの特徴は、モーセにまつわる三つの予型が組になって出てくることである。その三つ組とは、イスラエルとアマレクの戦いにおいてモーセのとった十字の姿勢と、荒れ野でモーセの掲げた青銅の蛇と、モーセが戦いに先立ってヌンの子に与えた「イエス」という名からなる予型群である。この三者を同一文脈の内部で組にする手法は、そのまま教父ユスティノスにも見出される。

(二) 引用の段落に見られるように、著者は、荒れ野で民を襲った蛇と、エデンの園でエバを唆した蛇とを結び付ける解釈を取っている (一二・五)。これがもうひとつの特徴になっている。この点もユスティノスと共通している。

(三) 十戒を通じて、鋳造であれ彫刻であれ一切の偶像製作を禁止したモーセが、荒れ野では自ら青銅の蛇を造っている。この行為に矛盾がなかったのかという問題意識。この点は「青銅の蛇の物語」に向かう解釈の視覚を定めており、ここでもユスティノスとの一致が認められる。

以上の共通点を、両者の間に指摘することができる。しかしこれと反対に、両者の食い違う面があり、それも見落としてはならない。著しい相違は、次の点に見られる。バルナバ書簡の著者は、青銅の蛇自体を受難のイエスの予型と見做している (一二・五、六)。この類比が成立するのは、旗竿に掛けられた、死物のはずの蛇が、実はイスラエルの民に命を与えるものとなったという着眼による (前述)。この類比は、ユスティノスには見られない。教父の場合には、青銅の蛇を掲げた旗竿が十字架の形の予型となっている。青銅の蛇は、十字架のイエスの予型とされないのである。

ユスティノスの予型論

ユスティノスは、『ユダヤ人トリュフォンとの対話』において、トリュフォンという名のユダヤ教知識人を登場させ、その人物と自身との対話という舞台設定で筆を進めている。内容はどうかと言えば、対話中のユスティノスがトリュフォンに対して、終始、反ユダヤ教の論争を挑む展開になっている。それはキリスト教徒とユダヤ教徒の、聖書解釈をめぐる論争なのである。いや、ユスティノスの真の論敵は、より正確に言えばトリュフォン達ユダヤ教徒なのではなく、その指導者、すなわちユダヤ教教師達であった。

ただしそこには、当時キリスト教徒の胸にくすぶっていた、感情的対立の情況もあったようである。『第一弁明』の一段落で、ユスティノスは、ギリシア語七十人訳聖書の成立事情を語っている。そこで彼は、七十人訳がエジプト人の間でも各地のユダヤ人の間でも流布していると言い、そのついでにこういう言葉を洩らしている――、「しかしユダヤ人は読んでも内容を理解せず、逆に私共キリスト教徒を仇敵とみなし、…機会あるごとに殺害し処罰しております。」(『一弁』三一・五) これを見ると、ユスティノス達キリスト教徒の採っていた聖書は、ギリシア語七十人訳のそれであったこと、しかしユダヤ人はキリスト教徒の読み方に反発していたことが分る。それともうひとつ、キリスト教徒を「殺害し処罰している」とあるのは、彼の時代に起ったバルコクバの反乱で、キリスト教徒の受けた残虐な仕打ちや、それに類した事件を指していると見られる。したがってユスティノスの、そうした反ユダヤ教の姿勢に眼を向ける時、この教父は『バルナバの手紙』の著者と、軌を一にして論陣を張っているかにも思えてくるのである。対話中のユスティノスの言葉に激越した口調が見られることは、確かに否定できない。

しかしここに、見落してはならないことがある。それは教父が同時代のユダヤ教学者と、聖書解釈という場で対決していたのだ、という点である(『対話』九・一他)。彼はユダヤ教の解釈に背を向けるのではなく、それと向き合い、それを乗り越えようとする。その際要点となるのは、「どちらの解釈がより神にふさわしいか」という善の探求が、彼の発言を動機づけていたことである。旧約聖書の記事をひとつひとつ取り上げて、ユダヤ教教師達の見解と己のそれとを対立させながら、結局、目指す所は善の探求であった。と言えば、その論争を少々美化し過ぎているのかも知れぬ。がともかく『ユダヤ人トリュフォンとの対話』という長大な対話篇は、解釈論争の書という体裁の内に、そういう意義を秘めているのである。旧約を新約として読むバルナバ書簡とのへだたりが、そこで生じてくるのではないか。旧約を新約と短絡させてしまうなら、旧約解釈という営みは、本来不要になってしまう。旧約の生き生きとした力を殺ぐことなしにキリスト論と接触させる思索が、まるで動機を失ってしまうからである。われわれが「青銅の蛇の物語」を取り上げるのも、それを解釈の試金石として、探求の道を拓くためでなければならない。

『ユダヤ人トリュフォンとの対話』は、旧約聖書から引用した文を、特に予型記事を、実に多く収録している。「青銅の蛇の物語」は、そのなかのひとつである。初期キリスト教文学には、ユスティノスより古い時代からの、様々な予型解釈が見られる。パウロ書簡やヨハネ福音書にも、すでにその痕跡が残っているのである。しかし初期の予型解釈は、相当部分が、恐らく散佚したものと見られる。そうした予型論の展開を念頭に置くなら、本書は、個々に論じられてきた予型の数々を、一冊に集大成したものと言ってよい。対話中のユスティノスは、予型論を解釈の方法としながら、旧約と新約の間の或る脈絡を論証しようとする。いやそれ以上に、予型論という方法に依りながら、至高の善の探求に向っている。二世紀のイレナイオスやテルトゥリアヌスは、直接ユスティノスに依拠しながら、予型論を継承した。そしてそこから後世のキリスト教徒達へと、広く伝播していったのである。

ユスティノスの予型論に視線を向けようとするなら、その前提として、弁えておかなければならないことがある。予型と預言の区別である。教父はその区別を明確な言葉で述べており、また様々な文脈の細かな言葉遣いにも、それが反映している。一言で言えば、予型は事象（プラーグマタ）であり、預言は言葉（ロゴイ）である。この区別を忘れるならば、ユスティノスの予型論を研究する人は、初めから、間違った地図を持って旅に出るようなことになる。このように言うのも、そこを混同したまま議論する研究者が、今日も跡を絶たないからである。教父自身は両者を峻別して聖書解釈に向っているのだから、それでは彼の思索に付いてゆけない。

前述のように、預言と予型の区別は、預言が言葉であり、予型は事象であるという点にあった。そのことをもっとも簡潔に述べている言葉があるので、それを引いておこう。対話中の話者ユスティノスは、前段の議論を総括してこう主張する――、「要するにある場合には、聖霊が、眼にも明らかな様で何らかの事象を引き起こしていた（プラーッテスタイ・ティ）。その種の事象は、将来に生起する事件の予型（テュポス）であったのです。しかしまた聖霊が、将来の出来事に関して言葉を（ログース）発していたという場合もある。」（『対話』一一四・一）ここでは預言あるいは予型の、共通の源が聖霊とされている。聖霊がモーセやイザヤを通じて、つまり預言者を通じて、預言や予型を引き起すのである。

預言と予型の区別の問題を、さらに立ち入って調べてみたい。そこで、右に引用した言葉をこう敷衍してみる。預言の言葉は、旧約時代から新約時代に至る、ある時間の経過の後に、キリストの出来事（とその意味）として成就する。これに対して予型事象は、ある時間の経過の後に実現するキリストの出来事（とその意味）を、予徴している。それで、どうだろうか。このように言い換えてみて、何かが分るのであろうか。こうしてみると、両者の違いが見やすくなるのである。と言うのは、それぞれの場合に、預言あるいは予型がキリストの出来事と連係する、その結びつき方が異なるからである。預言は、その言葉どうりに成就する、という形でキリストの出来事と結びついている。しかし予型については、そういう関係を立てることができない。予型事象とキリスト論的事象の間に、「…どうりに（ホース）」という相即の連係を措定することが難しいからである。後に明らかになるが、予型はキリストの出来事と、歴史的な類比の関係で結ばれている、と言うべきなのである。

これまで予型の概念について論じてきた。それはキリストの出来事を予徴する旧約の歴史事象である。したがって予徴や予表の観念が見られることは言うまでもない。しかしまた、新旧両事象の一対性あるいは相補性の観念もそこに見て取れるのではあるまいか。予型を言う際にユスティノスが普通に用いているのは、ギリシア語で〝テュポス〟「型」であるが、この語の用語法として、テュポス（雄型）とアンティテュポス（雌型）の一対性を考えて使うことが少くない。教父の文脈中これと近い内容の語として、〝シュムボロン〟「シンボル」がある。これは日本語の割符と同様、合わせてひとつになるべきものであり、ひとつになった時意味が発生する。以上に対し、〝セーメイオン〟「しるし」は違う。この語もユスティノスの予型論でよく出てくるが、セーメイオンは場合によって「記号」と訳し、言語の指示機能に注目する。そのように何らかの事象を、予徴という形で指示するしるしなのである。この他に教父がセーメイオンと同義的に使用する語には、次のものがある――、〝プロアンゲリア〟〝ケーリュグマ〟〝プロケーリュグマ〟。もうひとつ、この系列で面白いのは、〝アフォルメー〟「促し」「示唆」という言葉である。(5) これは、旧約の記事が解釈を促して、奥義の探求に向わせる、という意味で用いる。これらの術語の実際の用例は、後に文例を取り上げることとしよう。ここではただ、「予型」という訳語に含まれる二、三の観念を指摘しておきたかったのである。

ユスティノスという人の出身については、詳しいことが分っていない。しかしシリア・パレスティナの都市、フラヴィア・ネアポリスの出であって、自身をサマリア人と呼んでいる。割礼は受けておらず（『対話』八・四、二八・二）、対話のなかでユダヤ人トリュフォンから「異邦人」と呼ばれても、それに気分を悪くする様子はない（『対話』六四・一）。そういうところから推して、ヘブライ語の知識もさしたるものではなかったように思われる。むしろ彼はギリシア語の著作家であって、旧約聖書を引く時は、そのギリシア語訳に依拠している。ギリシア語訳というのは当時何種類か存在していたが、教父の引用は特に、「七十人訳」と呼ばれるギリシア語訳に依っている。ヘブライ語の旧約原典が存在することはもちろん認知していた（『一弁』三一・二）。けれども彼の旧約引用は、もっぱらギリシア語七十人訳から出ている。七十人訳が、この教父の旧約聖書であったと言ってよい。

ギリシア語七十人訳の使用は、言語的制約の面もあったことであろう。が、それ以上に切実な動機があった。教父の旧約解釈は、ギリシア語七十人訳に依らなければ、恐らく成立しなかったのではないか、と思われる。ヘブライ語原典と七十人訳との間には、テキストの読みに相当のひらきがあるからである。そこで旧約解釈を通じてキリスト論的な意味を探り出そうとする時、あるいはキリスト論との接続を図ろうとする時に、どちらを使うかは決定的な相違をもたらす。例えば教父が「青銅の蛇の物語」を取り上げて、トリュフォン達の前で、予型論的解釈をやって見せた場面がそうである。その物語のどこに、キリストの出来事の予型が見られるのであろうか。彼はこう説明する。物語中、モーセが青銅の蛇を造り、「旗竿」に掲げたというくだりがある。ところが七十人訳で「旗竿」は、前述の〝セーメイオン〟「しるし」なのである。したがって旗竿は、しるしであって、何かを予徴しているとの発想がここから生れる。つまり旗竿はキリストの出来事の予型なのである。あるいはもう一歩踏み込んで、十字架の予型なのだと言いたい気持ちが、教父の言葉に透けて見える。

ユスティノスは『トリュフォンとの対話』のなかで、「青銅の蛇の物語」を一度ならず取り上げている。その箇所をギリシア語七十人訳のテキストと対照してみると分るが、七十人訳そのままの引用にはなっていない。どの場合にもテキストの語り直し（パラフレーズ）か、テキストへの言及という形式でこの物語を扱っているのである。しかし七十人訳の正確な引用ではないからといって、意図的にテキストをゆがめ、キリスト教の教えと調和させたとか、テキストを「仕立て直し」たようにも思われない。少なくとも内容上は、七十人訳と食い違っていないからである。ただしこれは、教父の旧約引用がいつもそうであったということではない。様々な旧約記事を論じていくなかで、ある記事は七十人訳からそのままの忠実な引用であり、またある記事については自己の主張に都合のよいように変形させている。しかし「青銅の蛇の物語」についてはそのいずれでもなく、むしろ、七十人訳とゆるく対応していると言ってよい。われわれは今後こうした意味で、七十人訳聖書を「引用」している、という言い方をするであろう。

『トリュフォンとの対話』において、教父は、青銅の蛇の記事を四回取り上げている。緊張した解釈論争の空気の中で、教父はいずれの場合にも、予型論的解釈を貫いている。校訂本の章節区分でその位置を表示すると、次のとおりである——、

『トリュフォンとの対話』(ed. Goodspeed) 九一・四
九四・一—五
一一二・一—三
一三一・四

実を言うと、ユスティノスはもう一回、『第一弁明』六〇・二—四で「青銅の蛇の物語」を引用している。したがって全著作で見れば、五回引用していることになる。しかしこの最後の箇所は、当面、考察の視野から外しておいた方が、便利であろうと考える。それは目下の問題と無関係だからではなく、直面している問題を済ませてから後に扱うべきテキストだからである。その理由を一言だけ述べておくことにしよう。『第一弁明』六〇章は、著者が、ギリシア哲学のモーセ借用説を唱える段落になっている。『ティマイオス』は「青銅の蛇の物語」を借用している、というのである。したがってユダヤ教教師達の聖書解釈に対抗する方法として、予型論を主張する

文脈とは趣旨を異にする。

以上の準備をふまえて、われわれは今、教父の解釈の生きた営みに参加し、その内実に迫ることができる。彼の解釈にどのような特徴があり、また解釈の根拠はどこにあったのか。そうした問題に接近しなければならない。そこで先ず、その著作に即して旧約解釈の基本的特徴を捉えよう。こうして輪郭を見定めた上で、「青銅の蛇の物語」の解釈にたいし、理論的考察を試みる。今後この順序に従って、解釈の実相に迫りたい。

(a) 予型論の基本的特徴

「青銅の蛇の物語」を論じる教父の解釈には、どんな特徴があるのだろうか。こういう視点に立って、その輪郭を描き出してみよう。バルナバ書簡との性格の違いも、そこで見えて来ることであろう。そのために『トリュフォンとの対話』一一二章を取り上げ、しばらくテキスト研究に踏み込むこととする。この段落は、対話中のユスティノスが自身の解釈とユダヤ教教師達のそれとを突き合わせ、対比によって、自己の解釈の特長を打ち出している所である。解釈学の観点から見て、格好の材料になっており、解釈にかかわる用語も多く出ている。例えば「解釈する〞エクスヘーゲイスタイ〞」にたいして、「(テキストに) 聴く〞アクーエイン〞」や「(〜の意味で) 受け取る〞パラデケスタイ〞」は言い換えであり、しかもそれぞれが固有の色調を帯びている。また「(解釈が) 行き詰まる〞アポレイン〞」は、〞アポリア〞の動詞形であって、解釈を営む現場の雰囲気を伝えている。

この段落の解釈は、先立つ議論（一一一章）を承ける形で始まっている。その事情を考慮すれば、先行する議論にも、簡単に触れておくのが良い。すなわち教父はここで、キリストの十字架の予型として各種の旧約記事を取り上げ、解説を加えている。アマレクとの戦いに際して、モーセが、夕暮れまで両手を張った姿勢で立ちつくし、イスラエルに勝利をもたらしたこと。あるいはエジプト脱出の折に、過越の小羊の血を家々の入口に塗って、イスラエルの民が死を免れた話。その他の記事である。こうして自身の解釈を提示しつつ、返す刀でユダヤ教徒の解釈に対し、攻撃を加えるのである。

ユダヤ教教師達の解釈を評して、教父は、「低劣な解釈」であると非難する。彼は「青銅の蛇の物語」を援用しつつ、なぜ「低劣」なのか、その理由を説明すべく全力を傾けるのである。われわれの段落は、そこから始まっている。以下若干の注釈を施しながら、彼の言葉に耳を傾けてみよう——、

> こうした記事をまったく貧弱な意味に解し、語られた事柄にひそむ力は（デュナミン）、尋ね知ろうともしないのだ。とすると、君達はその低劣な解釈によって、神に対し、はなはだしく無力である（アステネイアン）という訴状を突きつけているのです。こういう仕方では、モーセにしても律法違反の判決を免れないこととなる。と言うのもモーセは、「天にあるもの、地や海にあるものを問わず、いかなるものの似像も造ってはならない」とみずから命じておきながら、後になって、みずから青銅の蛇を造り、ある形の（ティノス）旗竿に掲げて、咬み傷を負った人々には、その蛇に目を注げと命じたのですから。こうして人々は、蛇に視線を向けて救われたと言うのに。（『対話』一一二・一）

「語られた事柄にひそむ力は（デュナミン）、尋ね知ろうともしない」……ユダヤ教の教師達は聖書解釈を通じて、神の「力」を探求していない。それどころかかえって神を「無力」としている、と教父は言う。この言葉は予型解釈の目標を、暗に、神の力の探求としている。解釈が神の力の探求であるということは、教父の思索の導

きの糸になっている。これは大事な特徴であるから傍証をひとつ挙げておこう。次の言葉は、予型解釈が探求の過程であるという主張で始まり、探求の目標が神の力にあることを、読者に悟らせようとするものである――「預言者達は、自分の語った言葉や行った行為を比喩に包んで、また予型に包んで（テュポイス）開示した。それは、一般人が易々と、何もかも理解するようなことを避けるためであった。すなわち比喩や予型の内に真理を隠すことにより、探求する者が苦心の末に発見し、かつ学ぶためであった。」（『対話』九〇・二）この言葉に添えて教父の挙げる予型の例は、イスラエルとアマレクとの戦いの記事で、モーセのとった祈りの姿勢である（同九〇・四）。モーセが両手を張り広げて立ったまま、その姿勢を保っていると、その間イスラエルが優勢になり、疲れて両手が下がると、劣勢になったと言う。この話の隠された意味を説明して教父は、十字を通じて働く力がそこに発現していたのだと、述べている。彼がこの議論で「力」に強調を置いていることは、原文の語法に良く見て取れる――〝イスキュエイン〟という動詞を重ねて用いているのである。

ではそれは、いかなる力であろうか。様々に答えうる。「アマレクとの戦い」においては勝利の力であり、「過越の小羊の血」においては、死を免れる力であろう。また「青銅の蛇」について言えば、毒蛇の力に打ち勝つ命の力と言えよう（『対話』九四・二）。神の力は歴史のなかで、多彩に展開するのである。しかし無限に多彩であろうとも、その光はすべてひとつの、たったひとつの焦点に向っている。キリストの十字架という一点に収束するのである。このことを教父は折に触れて、強い宣言の口調で述べている――、「十字架こそは、彼の力と支配を示す最大のシンボル」（『一弁』五五・二）、「神の隠れた力が十字架につけられたキリストに生じた」（『対話』四九・八）。十字架上のキリストを焦点とするがゆえに、「アマレクとの戦い」「過越の小羊の血」「青銅の蛇」等の旧約記事に見られる「力」は、すべて等しく神の力とされる。そこに歴史的位相差があり、多彩な発現形態があるとしても、ひとつの力なのである。「この力（イスキュス）は、唯一人のかたに属している。そのかたに、かつても属していたし、これからも属していよう。」（『対話』一一一・二）予型論はこの確信にもとづいて成立している。しかもこの確信にもとづいて、神の力の探求に向っている。それは、神の力の探求において至高の善を見上げることでもあった。

「こういう仕方では、モーセにしても律法違反の判決を免れない」……「青銅の蛇の物語」をめぐって、話中のユスティノスはひとつの問いを投げかけている。同じ問いは先行する議論のなかでもすでに発していたものである（『対話』九四・一）。その内容は――、神は十戒において、いかなる像も造ってはならないと言い、偶像の製作を一切禁じたのではなかったか（出二〇・四）。にもかかわらず出エジプトの途次、モーセは荒れ野で青銅の蛇を造っている。そこに矛盾はないのか。すなわちモーセは、みずからの禁止命令によって、みずからに咎を招いているのではないか。この問いは、ユダヤ教教師達の解釈に照準を定めて発せられたものと考えられる。荒れ野でイスラエルの民を救ったのは青銅の蛇である、と考える教師達に対し、そういう解釈の矛盾をついた言葉と受け取れるのである。教師達の解釈は、青銅の蛇を多かれ少なかれ偶像視している。そのことを教父は、「蛇を信ずる」教えと評し（九一・四）、また、「罪過と不柔順の契機となった、野獣（すなわち蛇）の側に神を見放す」態度とも呼んでいる（一一二・三）。実際イスラエルの歴史を見ると、モーセ以後ヒゼキア王の時代（前八世紀）まで、青銅の蛇「ネフシュタン」が崇拝の対象となっていた事実を知るのである（王下一八・四）。そのようにいつの時代にも、青銅の蛇を神的な対象と見做す傾向が残留していた。したがってユスティノスの指摘する矛盾は、みずからの偶像禁止命令にもかかわらず、（ユダヤ教教師達の解釈に従う限り）モーセは青銅の蛇を偶像化していたことになる、という点にある。(6)

蛇が民の救いをもたらしたという教師達の言葉に対し、ユスティノスは、追い打ちをかけるようにもうひとつの反論を加える。それはアダムの日にも、またイザヤの時代にも蛇は一貫して神の呪いのもとにあったという点である。彼はこう言う――、

では、こういうことになるのか。上述のように、始めの日に神は蛇を呪われた。また後の日には、――イザヤが叫んで言っているように――「大いなる剣」によって蛇を殺したまうであろう。けれどもその事件の時に限っては、蛇が民の救いをもたらした、などと言う。そんなことが納得できるでしょうか。諸君の教師共が言っているような意味で話を受け取るなら、こんな馬鹿げた結果になってしまうのだ。どうしてシンボルとして受け取らないのか。旗竿のしるし《セーメイオン》は、十字架上のイエスの形姿に照らして考えるべきではないのか。実際モーセにしても、両手を張り広げた姿勢で、かつヌンの子には「イエス」という名を付して、あなたがたの民に勝利をもたらした。そういうこともあったのです。(同一一二・二)

「旗竿のしるし《セーメイオン》は、十字架上のイエスの形姿に照らして考えるべきではないのか。」……モーセの行為をいかに矛盾なく解釈するか、という問題に、今度はユスティノスが答えなければならない。彼の解決策は明快である。先ず青銅の蛇本体とそれを掲げた「旗竿」(新共同訳)とを区別する。その区別に立って、こう言うのである――、神は青銅の蛇を通じて民を救ったのではない。とすれば、むしろこう考えるべきではないか。「旗竿のしるし《セーメイオン》は、十字架上のイエスの形姿に照らして」、旗竿に、蛇の力を打ち砕く神の力があったと、読むべきではないか。このように言って、問題の旗竿は十字のしるしを帯びていたことを、示唆しているのである。そ

の傍証の言葉を、彼はこう続けている。モーセは両手を張り広げた姿勢で、つまり十字型の姿勢で、民に勝利をもたらした。そのことも参照すべきだと。このように教父は、蛇を掲げた竿に特殊な関心を寄せており、それゆえ前節においても、「(モーセは) 青銅の蛇を造り、ある形の (ティノス) 旗竿に掲げて」(一一二・一) と、含みのある言い方をしていたのである。

その際「旗竿」にあたるギリシア語として、七十人訳が〝セーメイオン〟「しるし」をあてていたことが、発想の起点になったことは疑いえない。〝セーメイオン〟の効果は、次の事実によく出ている。すなわちこの著者は、文中で繰り返し〝セーメイオン〟を用いながら、その意味を、「旗竿」→「旗竿のしるし」→「十字のしるし」と次第にずらせているのである (『対話』九四・一一二)。〝セーメイオン〟一語に、これだけの意味の変様を担わせている。こういう文章技法に、七十人訳の効果がよく見て取れるようである。ちなみに、七十人訳の〝セーメイオン〟は、ヘブライ語聖書の〝ネース〟に対応する訳語であったことも、参照しておきたい。〝ネース〟という語は、ヘブライ語の文章でよく用いられる、常用単語と言ってよい。辞典によればその語義は、ほぼ〝セーメイオン〟と通じ合う――「軍旗」「標徴」「しるし」「合図」など。ユダヤ教教師達に対立するユスティノスの解釈にとって、この点は何がしか正当性の論拠となりえたであろう。

以上の用意をした上で、ユスティノスは、モーセの旗竿とキリストの十字架との間に、ひとつの類比を設定しようとする。それが、「~を~に照らす (アナフェレイン)」という語の意味であろう。ただし彼の議論の真の狙いは、その類比自体にではなく、その類比によって神の力の探求を動機づけることにあった。神の力の探求とは、「蛇の力を打ち砕いた癒しの力」と「十字架のキリストから発する救いの力」との、もうひとつの類比から出発するものである。力の類比への助走路として、十字の形状の、視覚的な類比を用いたのだ、と言えよう。

青銅の蛇の掲揚（部分）

ヤコポ・ティントレット，1575～76年の作（ヴェネツィア美術館所蔵）．青銅の蛇の事件（「民数記」21章）を描いた時，ティントレットはこの物語とキリストの受難との平行性を意識していた．作品のなかのモーセは十字架の形をした竿に青銅の蛇を巻きつけて，高く掲げている．しかし「民数記」に十字架は記されていない．上段に見えるのは御使い達の舞い降りる群である．「青銅の蛇の物語」をテーマにした図像は，この他にもおびただしい数に上る．

それではどうなのか。十字のしるしと神の力とは、どう関係しているのだろうか。十字のしるしと神の力とは、教父の言葉遣いのなかで緊密に対応しており、かつ区別されている。神の力が働く時に、十字のしるしを伴うと、彼は主張したいのである。そこには、十字のしるしに宿る魔術的な力、といったような観念は見られない。確かに、十字のしるしを通じて神の力が働くという、紛らわしい言い方も、時々している。しかしそれは、十字のしるし自体に憑依する神の力、というようなことではない。もしそう考えるなら、十字架につけられたキリストを消去することになるからである。その場合には、キリストの力は不要となってしまう。しかしユスティノスは、キリストにこそ神の力が宿っていたことを明言している――「神の隠れた力が十字架につけられたキリストに生じた」(『対話』四九・八)。この点は、著作の多くの箇所で立証しうることでもある。

「青銅の蛇の物語」に十字架のしるしを読み込む解釈は、今日の目で見れば、少なからず違和感を与えるものと思う。そういう発想は、われわれの歴史感覚に馴染みにくいのである。それを否定するつもりはない。ただし、今日の視点をいきなり教父の時代に持ち込むことも、歴史的態度とは言えない。ユスティノスの立場に身を置いて考えるならば、もう少し別の意識が働いていたであろうと、想像しうるからである。われわれはそうした事情をある程度察することが出来る。先ず、彼の発想はみずから発明したものとは言えない。蛇を掲げた竿に十字のしるしを見る解釈には、先例があった。そういう着想は、ユスティノスが依拠したと考えられる、『バルナバの手紙』にも出ている。と言うのもバルナバ書簡では、青銅の蛇は、十字架上のイエスの予型とされているからである(一二・六―七)。この釈義から出発すれば、蛇を掛けた竿は十字架に対応する、という推定は容易に生れてくる。このようにしてユスティノスは、旗竿を十字架の予型と解釈したのであろう。さらにまたユスティノスより少し後の、しかし同じ二世紀のテルトゥリアヌスは、物語の旗竿が十字架のしるしであったという考えを、ユスティノスから受け入れている。そういう伝承の情況を考慮に入れるならば、ユスティノスの着想を突飛な思いつきと断定することはできない。

その種の伝承ないし先例を参照しつつ、ユスティノスは、「青銅の蛇の物語」を論じることが出来たであろう。ただしそれは、無意識に先例を受け継いだというような、受動的な態度でのことではない。彼はもっと意図的に旧約の記事のなかに、とりわけモーセの事蹟のなかに、十字のしるしを読み取っている（『対話』九一・一－三など）。例えばアマレクとの戦いでモーセが神に祈った姿勢は、十字の形である。またモーセがヨセフに与えた祝福の言葉にも（申三三・一三－一七）、十字のしるしを見ようとする。そこには、「彼の角は一角獣の角。その角をもって彼は諸国の民を突き、地の果てにまで至る」という一節がある。この言葉を取り上げて、苦心の末、一角獣の角が十字架の形状をしていたと主張している。これなどは論証と言うより、強弁と呼んだ方が適切な例である。「青銅の蛇の物語」に向う時にも、彼は、そういう強い姿勢を崩していない。その点は既に確認してきた。したがってユスティノスは、ある積極的な意図から、「青銅の蛇の物語」に十字のしるしを読み込んだと考えてよい。

とするなら、その意図が何であったのかという問いを立てることが、ここで自然な運びとなるであろう。モーセの事蹟に強引とも言える注釈を加えてまで、教父は、十字架のしるしを読み込もうとした。先例があったからというような、消極的な理由によっては説明しきれない何かがこの態度には感じられる。それは何か。今、こう考えたい。ここには、視覚的な事象に対する、教父の基本的な考え方が反映していると。視覚というものを、彼は積極的に評価していたのである。預言が可視的な事象を伴って成就したことや、受肉において可視的な身体が現れたことなど、全著作にわたって、彼は可視性の意義を説いている。そこにはもちろん、ローマ法のもとに展開していた、当時の法治社会への配慮もあったことであろう。帝都ローマで善良な市民として生活し、キリスト教校を指導し、宮廷宛にキリスト教弁明の書を捧げた彼のことである。実証的な論証が、例えば法廷弁論の場でどういう効果を持っているかは、十分に弁えていたことであろう。可視的な証拠が説得力になるのである。悲しむ心などより、涙を流したかどうかが重要であった。そういう情況を教父もよく承知している。したがって彼は、預言が視覚的事実をもって成就したという点をしばしば強調し、それによって預言の正しさを説得しようとする。そうした局面では、ユスティノスの言葉遣いは時代の実証精神を注意深く反映している。しかしながらユスティノスの思索にとって、視覚的表徴はもうひとつの、より重大な意味を持っていた。それはある種の視覚的な事象が、高次の理解への跳躍力を秘めている、という点である。モーセの手で実現した視覚的なしるしは、実は、キリストの理解へと飛翔を促している（アフォルメー、同九三・五）。可視性のこういう面に彼は高い評価を与えるのである。可視的な十字のしるしをモーセの記事に読み込む解釈も、こうした視覚論に動機を得ているようである。

さてこのようにして、モーセの事蹟の内に彼は二つの要素、すなわち可視的なしるしと神の力とを認める。旗竿のしるしという予型、そして蛇からの救いの力である。いずれも十字架上のキリストを予徴している。つまり、類比が見られる。それを比例式の形に表せば、次のようになるであろう——、

［旗竿のしるし］：［蛇からの救いの力］ ⟷ ［十字架の形］：「不義からの救いの力」

「青銅の蛇の物語」を考察する時、教父はいつもこの二重の類比を念頭に置いている。[7] そして十字のしるしの可視的な類比が、力の類比を示唆する役割を果たしている。したがって可視的な類比は、力の類比を代示するこ

とによって、一旦その役割を終えるのである。対話中のユスティノスが語っている次の言葉は、そういう関係をよく示している――、「わたくしの考えはすでに申し上げたとおりです。神は旗竿のしるし《セーメイオン》を通じて神秘の力《ミュステーリオン》を布告されたのです。すなわち旗竿のしるしを通じて蛇の、アダムにおいても罪過を誘った蛇の力を打ち砕くということを。また他方このしるし《セーメイオン》によって、すなわち十字架によって後の世に死に渡されるかたを信じる者達には、蛇の咬み傷である悪行、偶像礼拝等々、不義からの救いがあることを布告されたのです。」（『対話』九四・二）

予型論は、モーセの生涯やその他の記事に、キリストの出来事に対応する予型を見出し、それを、予徴の位置に置くものである。したがって解釈の目標は、予徴よりキリスト論に定められる。肉の割礼よりは、心の割礼に重きを置くわけである。これが一般的な理解であろう。予徴は解釈の舞台からいずれ退場すべきものだ、という考えである。そういう公式的な予型理解は、確かに分りやすくはあろう。けれどもユスティノスの予型論を扱う場合にはどうか。何か大事なものを見落すことになってしまうのではないか。「青銅の蛇の物語」についても検討を要する所である。ここからわれわれは、新たな考察段階へと進むことになる。教父はユダヤ教教師達に対して、いかなる解釈を提示するのであろうか。彼の次の言葉を見てみよう――、

そう考えてみれば、立法者モーセの行為について解釈が行き詰まることも、無くなるでしょう。すなわちモーセは罪過と不柔順の契機となった、野獣の側に神を見放すのではなく、民にたいして希望を抱くように説いていたのです。かくしてこの事件は、卓越した知性と神秘の力《ミュステーリオン》をもって発生したのであり、かつ祝福された預言者を通じて語られたのです。以上からすれば、一般にすべての預言者の言葉と行為に関して、人が正当な非難を向けうるような点は、ひとつとしてない。もっともそれは、預言者の言動に宿る真知《グノーシス》を人が悟っているな

らば、という条件つきで言うのですが。（同一一二・三）

「この（青銅の蛇の）事件は、卓越した知性と神秘《ミュステーリオン》の力をもって発生した」……キリストの十字架に先行し、それを予徴する事件への強い関心を表明する言葉である。「青銅の蛇の物語」は、ユスティノスの時代にもなお新しい衝撃力を保っている。「卓越した知性と神秘の力」は、永遠に探求の目標であり続けるであろう。聖書解釈における探求の方位はここで、青銅の蛇からキリストの十字架に向うのではなく、青銅の蛇の背後にあるものへと定まっている。予型の役割をいわゆる前座に喩える人がいるなら、その予型理解は該当しない。われわれはむしろこう言うべきであろう。キリストの十字架から振り返って青銅の蛇に視線を注ぐ時、そこにおいて神の偉大な力を察知するのだ、と。そういう方向で解釈の可能性を拓こうとしないユダヤ教教師達に対し、ユスティノスの浴びせる非難は厳しい。彼ら教師達は、「重大な事柄すなわち探求に値する事柄については、決して語ろうともしなければ、解釈を試みることもしない」（同一一二・四）。

こうしてようやく、教父の解釈のもつ志向性が、そしてその意義が見えてきたのである。以下においては、「青銅の蛇の物語」にたいする教父の考察がいかなる方位に向うものかを、さらに確認してゆきたい。『トリュフォンとの対話』のなかで彼は、二回にわたってこの点に触れている——第九一章、九四章。その言葉はユスティノスの解釈の方位を鮮明に語るものである。二つのテキストはそれぞれ固有の文脈の中で語られた段落であるが、キリストの十字架を青銅の蛇の事件に重ね合せる解釈の仕方では共通している。ここでは『トリュフォンとの対話』九四章の方を見ておこう。

この九四章の議論は神義論的な問いから出発している。すなわち神はモーセを通じて「いかなるものの像も似像も作ってはならない」と言われたにもかかわらず、神自らがモーセの手により青銅の蛇を作らせた。とすると神に不義の咎めは及ばないのであろうか、という疑問に答える形で、教父の解釈は進められる。それに対する答えは、すでに我々の確認してきたものである。要するに、神が民を救ったのは青銅の蛇を通じてではなく、青銅の蛇を掲げた「旗竿」のしるし、すなわち十字架のしるしによるのである。こうして神は十字架のしるしを通じて、神秘の力を布告して下さったのだ。従って神に像製作の咎は及ばない、という内容になっている——、

わたくしの考えはすでに申し上げたとおりです。神は旗竿のしるしを通じて神秘の力を布告されたのです。すなわち旗竿のしるしを通じて蛇の、アダムにおいても罪過を誘った蛇の力を打ち砕くということを。また他方このしるしによって、すなわち十字架によって後の世に死に渡されるかたを信じる者達には、蛇の咬み傷である悪行、偶像礼拝等々、不義からの救いがあることを布告されたのです。（九四・二）

一見したところこの言葉は、モーセの事蹟とキリストの十字架とが癒着したような解釈を語っている。しかしそれを時代錯誤と呼んで、片付けることは出来ないように思う。では、何を言おうとするのであろうか。青銅の蛇の事件の内にはひそかに十字架の力が働いていた、ということではなかろうか。それはアダムからキリストに至る人間の歴史を通じて働く、神の隠れた力の発動なのである。十字架の力がひそかに宿っていたその事態を、教父は「神秘」（ミュステーリオン）と呼んでいる。モーセの事蹟の内に十字架の力を洞察し、読み抜く解釈によって教父は、居合わせたユダヤ人達から「神秘を開示している」（九四・四）と言われる。このような解釈はもちろん歴史文献学的な分析から得られる結論ではなく、直感的洞察による歴史の創造なのである。

青銅の蛇を掲揚したモーセの事蹟の内に、十字架の原像を見出す解釈を考察してきた。同じようにして教父は、イスラエルとアマレクとの戦いの記事にも（『対話』九〇）、ヨセフに与えられた祝福の言葉にも（同九一）、十字架の力が宿っていることを察知する。教父は十字架から出発して、旧約の様々な事件の内に神の同一の力が隠されていることを発見するのである。これが、神の力の理解に大きな展望をもたらす。これによって、十字架の力は測り知れない奥行きを持ったものとなる。すなわちそれを通じて、神の力の大きさを限りなく探求している、ということである。すなわちキリスト論から出発して神論へと、考察を展開しているのである。ここに教父の解釈の方位を、明らかに認めることができよう。この点はもう一つの参照個所『トリュフォンとの対話』九一・四においても等しく確認し得ることなのである。

キリストの十字架に先行して、青銅の蛇の事件は、モーセの時代に発生した。しかしさらにその背後に、神の力は絶対的に先行している。こうして神の力の探求は、限りなく遡行する。けれども教父は「青銅の蛇の物語」の解釈を通じて、間接的に神の力を洞察する方法をとる。神の力を直視するというのではなく、その事件を通じて、その背後に、「卓越した知性と神秘の力」を仰ぎ見るのである。「神はみずから神秘《ミュステーリオン》の力を、すべて実現の時に先行して恵み示された」（『対話』一三一・四）。そのことを、青銅の蛇の事件は示している。このようにして教父は神の力を、神の善を、その絶対的先行性という方向で探求しようとする。彼の言葉は神論を目指しているのである。

われわれは「青銅の蛇の物語」を取り上げ、ユスティノスの施した解釈を研究してきた。その議論は、『ユダヤ人トリュフォンとの対話』に四回出て来る。そしてすべての場合に、予型論的解釈を認めることができる。以上においてはそれをすべて参照し、一一二章一―三節については、中心的なテキストとして若干の註釈を試みたのであった。そうして得られた知見を、この段階で総括しておきたいと思う。

教父の予型論的解釈は、二つの段階に分けて扱うことができよう。すなわち――、

（1）解釈の出発点は、青銅の蛇の事件とキリストの十字架との間に、歴史的類比を見出すことであった。それは二重の類比になっており、十字のしるしの類比と救済の力の類比が、次のような関係で結ばれている、

［旗竿のしるし］：［十字架の形］⟷［蛇からの救いの力］：［不義からの救いの力］

（2）この類比の関係によりながら、教父はさらに、神の力の探求へと解釈を進める。その方位は、キリストの十字架から青銅の蛇へと遡り、さらに、絶対的に先行する神の力、神の善の洞察へと向かうものであった。こうした神論への志向は、バルナバ書簡と対照をなす。この書簡の著者にあっては、青銅の蛇においてイエスの栄光を讃美すること（一二・七）、それが解釈の目標であった。つまり本書簡はキリスト論志向型の解釈を採っている。

（b）予型解釈の理論的前提

以上に見てきたユスティノスの予型解釈には、キリストの十字架から振り返って青銅の蛇の事件に目を注ぐ、という視線の向きが認められたのであった。そうすることによって教父は神の力の探求を目指すのであるが、それを念頭に置きつつ、ここでは先ず十字架の予型事象に注意してみたい。『トリュフォンとの対話』において著者の指摘する十字架の予型は、「青銅の蛇の物語」にとどまらず、その他の例を数えることができる。たとえばイスラエルとアマレクの戦いにおいてモーセのとった祈りの姿勢（九〇、九一）、神がヨセフに与えた祝福の言葉

（九一）、等々である（一一一他）。つまり、キリストの十字架は旧約の歴史のなかの多彩な予型事象と関連し合っている。これは十字架とその予型群という、二つの水準の間に生じる事態として理解することができる。さらにまた、その種の例が他にも見られるのである。ここではキリスト・「イエス」の名とその予型群に言及しておこう。イスラエルの歴史のなかでイエスの名を戴いた人々は、神の力が授けられ、偉大な事績を残した。十字架のしるしを通じて神の力が発現するのと同様に、イエスの名のもとに神の力は働く、という考え方である。旧約聖書にイエスの名で登場する人々の内、ヌンの子ヨシュア（七十人訳でイエス）はその業績によって偉人とされる。しかしバビロンで祭司となったイエスや、ベト・シェメシュの人ヨシュア（イエス）達にも、教父は特別な関心を寄せている。(8) したがってここでも、イエスの名と旧約のイエス達の名が、二つの水準を形成しているわけである。では二つの水準はどのように峻別されるのであろうか。この点から取り上げることにする。

《「一」と「多」の区別》　これまでの研究によって明らかなように、キリストの十字架を「一」とし青銅の蛇の事件その他の予型群を「多」として、二つの水準を表現することができる。このように言い直すことの長所は、十字架の「一」性を鮮明に打ち出すことができる点にある。もっともここで疑義を唱える声が上がるかもしれない。十字架の「一」性を強調するという考えは、教父の意図に即した理解なのであろうか、と。このような疑問に対してはこう答えておこう。ユスティノスは「多」に対する「一」の超越を、みずから意識的に強調している。たとえば『トリュフォンとの対話』一一一章は、十字架の「一」性の主張がはっきりと出てくる箇所である。その言葉を引用する——、

以上のことも、かの聖なる両勇士と神の預言者達それぞれの時代に起ったこととして、見て取ることが出来た

のである。このように言うのは、その神秘の働き、つまり十字架の予型と「イエス」の添え名の予型とを、一人で二つとも身に担うということは、その人々には不可能であったからだ。その理由を述べよう――、この力（イスキュス）は、ただ一人のかたに属している。そのかたに、かつても属していたし、これからも属していよう。あらゆる支配は、その名を聞くことにさえおののいている。その名を通じて崩れ去る日が来ることを知って、不安に突き落されながら。それゆえ私共のキリストは、苦難を忍び十字架につけられた時、律法の呪いのもとにあったわけではない。そうではなく彼だけが、自身への信仰から離れずにいる者を救うということ、それを示しておられたのです。（一一一・二）

この段落の冒頭に見える「かの聖なる両勇士」という句は、モーセとヨシュアを指している。すなわちアマレクとの戦いにおいて、両手を広げた姿勢で終日立ち続けたというモーセの事蹟と、戦いに先立って「イエス」（七十人訳）の名を載いたホシェアの改名に言及しているのである（「出エジプト記」一七、「民教記」一三）。そこで著者の言葉は次のように要約することができる。モーセを筆頭とする神の預言者達は、それぞれがそれぞれの時代に、「神秘の働き」つまり予型事象を身に担ってきた。しかし彼ら旧約の偉人達はそれぞれ、神の力の、多大な働きの一部に参加したに過ぎない。神の力の、数え切れぬ賜物の一端に参与したに過ぎない[9]。これに対し神の力はすべて、いかなる時代にも「ただ一人の方に属している」。こうしてユスティノスの言葉は、神の力の二つの水準あるいは二つの位相を峻別する主張になっているのである。（ただし、ここで述べたことはやや誤解を招きやすい。と言うのも「ただ一人の方に属している」と主張する時、それはあたかも予型解釈がキリスト論に収斂するかのような印象を残すからである。だが「ただ一人の方」に属する力は、歴史的に様々に展開するのであり、その豊かな展開によって意味づけられていくのである。ユスティノスの予型解釈は予型事象のひとつひとつを追いつつ、神の力を多声的に謳い上げることを目指している。）

《身体の救いと内面の救い》　神の力の二つの水準は、身体的な傷病からの救いと、罪からの魂の救いという質的な差異によっても区別される。すなわち青銅の蛇の事件においては神の力は身体的・一時的な救いをもたらし、一方キリストの十字架においては内面的・永続的な救いをもたらした。このように予型群における一時的・可視的な働き、また十字架における永続的・不可視的な働きを見定める教父の対照図式は、彼のほとんどすべての予型解釈に共通しており、少なからぬ類例が挙げられる（『対話』一一三―一一四章等）。従ってこの基準からも、教父が神の力の二つの水準を鋭く区別していることが知られるのである。

われわれは、教父の理論的前提を明るみに出そうとしてきた。これまでの考察を要約するならば、予型群に対する十字架の超越性ということである。十字架は「多」に対する「一」の観点からも、身体の救いに対する内面の救いの観点からも、予型群の水準を超えているのである。とすると教父の予型解釈には、形而上学的基盤が伏在することを感じさせるものがある。つまり十字架とその予型群とは、二世界論のそれとは別種の、範型似像の関係で結ばれているのではないかという予想を抱かせるのである。それがイデア論の一角を成すものであったとすれば、教父のイデア論の全体像は、中期プラトン主義のイデア論に比してどうなるのか、さらなる検討を要することであろう。しかしここでは教父の予型解釈の方法を原理的に解明しえたことで、十分な成果としたい。

十字架とその予型群の峻別という足場に立って、教父が実際の解釈をどのように進めているかという点にも言及しておきたい。すでに述べたようにユスティノスは十字架から出発して「青銅の蛇の物語」に目を向けているのであって、その逆ではない。この方向性はすでに確認したものである。ただここで注意したいことは、「青銅の蛇の物語」をそのように振り返るときに解釈の場で何が生じるか、である。まず言えることは、「青銅の蛇の物語」に十字架が重ね合わされるという点である。それから、十字架に秘む神の永遠の力は青銅の蛇の歴史的な事件によって色付けされ、意味の深まりを見せるようになる。同様にして神の力は他の様々な予型群によって多彩に照射されるであろう。このようにして十字架は解釈上の主旋律であり、それは予型群の多様な副旋律に伴われてひとつの音楽的世界を創造するのである。

結び

われわれは初期キリスト教文学の予型解釈を研究してきた。予型記事の代表として取り上げたのは、「民数記」の「青銅の蛇の物語」であった。教父達がこの物語をどのように受容したのかという関心から、彼らの解釈の実相に迫るべく、『バルナバの手紙』と教父ユスティノスの、解釈上の特徴を取り出そうとしたのである。その目的は予型論の意義を問うことにあった。しかし予型論の意義を問題とする以上は、それに伴って解釈の方位ということも考察に含めなければならないことが、研究の過程で明らかとなった。そのように見てゆくと、予型解釈ということの意味が、著者ごとに様々であるということに気づかされる。実際バルナバ書簡とユスティノスでは、解釈の方位が大いに異なっているのである。

「青銅の蛇の物語」にたいするバルナバ書簡の解釈は、荒れ野でモーセの掲げた青銅の蛇を、十字架上のキリストとの類比において捉えている。そして前者は後者の予徴とされ、ここで解釈の方位が定まってくる。これを別の面から言えば、青銅の蛇は予徴でしかなく、キリストの十字架の光のなかでは色褪せて、固有の意義を喪失するであろうということである。したがってこの書簡の解釈は、キリスト論への強い志向性を示すものと言える。これに対し、ユスティノスの解釈の方位は異なっている。『トリュフォンとの対話』のテキスト研究を通じて、われわれは、その点を解明したのであった。すなわち彼の解釈は、「青銅の蛇の物語」をキリスト論に重ねて読む点では、バルナバ書簡と同じ方位をとっているかに見える。が、その言葉遣いを注意深く観察すると、考察の方位がキリストの十字架から転じて、再び青銅の蛇の事件に向かっていることが見て取れる。この新しい方位が意味するものは、ひとつには、青銅の蛇の事件という具体的な歴史の重視であり、もうひとつには、キリスト論から神論へと向う方位の転回なのである。

モーセを通じて起った青銅の蛇の事件の内に、教父は「卓越した知性と神秘の力」(『対話』一一二・三)を洞察している。歴史を通じて連綿と働く神の力を、その具体的な事象の内に感知するのである。アダムの堕落を誘った蛇に端を発し、蛇の力に対抗して働く神の力は、青銅の蛇の事件において、またイザヤの預言において、そしてキリストの十字架において発現したという神学的な歴史観が、教父の解釈の前提になっている。そのような神の力を探求するために、彼はキリストの十字架に視座を据え、そこからモーセの事件に考察の視線を向けるのである。十字架を範型とし、それに照らして具体的な歴史を解釈する方法が、ここには見られる。それによって、神の力の探求は真の深まりを見せることであろう。したがってユスティノスの場合、予型解釈は探求の道としての役割を帯びている。彼自身、預言と予型は探求と発見のために与えられたと言っているとおりである(『対話』九〇・二)。

神の力の源を尋ねて進むその探求は、どこまでも遡行する。しかし目標に辿り着くことはないであろう。キリストの十字架から出発して青銅の蛇の事件に向い、さらに青銅の蛇の事件から神の力の源へと続くその道は、歴史事象にたいする、神の力の絶対的な先行を教えるであろう。そのような源にどうして到達することができようか。むしろ探求の行程でわれわれの遭遇する事態は、このようであろう。探求の歩みは頂点への直登を断念し、富士の高峰を仰ぐ画人のように、様々にその美を描くであろう。「青銅の蛇の物語」を解釈する人は、そのように一枚の絵を描くのである。そうする時に、旧約聖書が生きた意味を語るようになる。そして新約とのつながりも生れてくる。それはまたキリスト教徒の視点から、異文化を受容することと言えよう。キリスト教という一宗教の枠を越えて、普遍的な意味を察知しているからである。それは、神の善があらゆる事象に先行することの洞察なのである。

（1）予型論的聖書解釈はキリスト教美術品に強い影響を残した。そうした美術品は極めて多数に上る。その歴史的展開と分類及び実例については、次の事典論文等を参照。E. Sears, "Typological cycles", in : J. Turner (ed.), *The Dictionary of Art* Vol. 31.（文献表付）

（2）後期ユダヤ教の予型論について、詳しくは次著のA.の章（Typologisches Schriftverständnis im Spätjudentum）を参照。L. Goppelt, *Typos*, 1939.

（3）J. Daniélou, Justin et l Ancien Testament, dans : id., *Message évangélique et culture hellénistique*, 1961, p. 185による。

ダニエルーの著作は、ユスティノスの予型論を学ぶ上で信頼できる導入になっている。本節はダニエルーの研究に触発され、しかも二、三の根本問題でその欠陥を埋めようとする。

（4）本節における聖書の引用は、以下において、新共同訳を土台としつつ、ギリシア語七十人訳との関係で（後述）、必要な限りでの修正を加えてある。ここに引いた「青銅の蛇の物語」も、七十人訳と比較すると、様々な異同があって興味深い。参考のために、秦剛平訳を紹介しておこう――、彼らはホル山から出発すると、エリュトラ海に（至る）道を通ってエドムの土地を迂回した。しかし、民は道中で気力を喪失させてしまった。

民は神に向かって、またモーセにたいして、次のように言って悪態をついた。

「あなたは、どんな了見でわれわれをエジプトから導き出したのですか？　われわれを荒れ野で殺すためなのですか？（ここには）パンも水もありはしない。われわれの気力は、こんななさけないパンでは失せてしまった。」

（そこで）主は民の中に、猛毒の蛇を送り込んだ。蛇は民を咬み、イスラエルの子らの中の多くの民が死んだ。

民はモーセの所にやってくると言った。

「われわれは罪を犯しました。われわれは主にたいして、またあなたにたいして、悪態をついたからです。さあ、主に向かって祈り、われわれの所から蛇を（主に）取り除いてもらってください。」

モーセは民のために、主に向かって祈った。

主はモーセに向かって言った。

「おまえ自身のために蛇をつくり、それを旗竿の上に置くのだ。蛇が人を咬んでも、咬まれた者はみな、それを見れば助かる。」

そこでモーセは青銅で蛇をつくり、それを旗竿の上に置いた。蛇が人を咬んでも（咬まれた者は）青銅製の蛇を仰ぐと、助かった。（秦剛平訳『七十人訳ギリシア語聖書Ⅳ　民数記』、二〇〇三年、一二〇―一二二頁）

(5)　これらの語群につき、それぞれの用例箇所を挙げておく。〝プロアンゲリア〟――『対話』五三・四他、〝ケーリュグマ〟――『対話』一一三・六他、〝プロケーリュグマ〟――『対話』一三一・五、〝アフォルメー〟――『対話』九三・五。

(6)　そのように言う時、ユスティノス自身は青銅の蛇の製作を、どう評価していたのであろうか。十戒の規定に違反する行為と見ていたのかどうかの問題である。これについては、二つの想定が可能と思われる――、①像を造ること自体と、それを偶像視することとを区別していた。②像を造ることは十戒に反する行為だが、それを乗り超える神の善を、モーセは宣揚していた。（十戒違反は、人々の注意をモーセの異常な行為に引き付け、行為の内に潜むキリストの奥義に気付かせるための、手立てになっている。）

（7）　われわれの研究が進むにつれて、予型概念の新しい局面が開けてきた。「予型事象」という言葉の意味が、二面に割れてきたからである。と言うのも、教父は青銅の蛇の事件とキリストの十字架との間に、二重の類比を認めている。すなわち十字の形状の類比と神の力の類比とである。これによって分るように、一口に予型事象と言っても、青銅の蛇の事件には、旗竿のしるしという事象側面と、蛇の咬傷からの救いという側面とに分析して考えなければならなくなったのである。そのうちどちらを予型と呼ぶべきであろうか。あるいは、両者を含めて予型と呼ぶべきであろうか。それを、ユスティノスの用語法について見てみよう。彼が〝セーメイオン〟「しるし」を用いている場合には、答えは容易である。〝セーメイオン〟は、青銅の蛇の記事（七十人訳）では「旗竿」を意味する。したがって予型とは十字のしるしであり、蛇からの救済はそこに含まれない。〝テュポス〟も同様であって、〝セーメイオン〟と同義的に用いられることが多い（『対話』九〇・二、九一・四）。したがってこのような場合、静態的な概念としては、予型は十字の表徴を指すことになる。しかしながら予型の働きをも考慮に入れた考察の場では、そうした概念分析はあまり意味をなさない、と言うべきかもしれぬ。なぜなら可視的表徴は、神の力と一体のものとして現象世界に生じるからである。また〝テュポス〟の場合にも、表徴と救済との両者を含んだ概念として出てくる用例が認められるのである（同一一四・一）。
（8）『対話』一一五・四、一三二・一にはヌンの子ヨシュア（イエス）への言及が見られる。また、一一五・四にはバビロンで祭司となったイエスの名が出ている。さらに一三二・三にはベト・シェメシュの人ヨシュア（イエス）が登場する。
（9）『対話』八七・四—五、八八・一参照。

2　「語りえぬ者」について

「語りえぬ者」とは、ギリシア語の〝アレートス〟（ἄρρητος）の訳語である。それはギリシア教父達の標語であって、言葉に語りえぬ神を指している。人間の言葉に捉えることのできぬ神ということである。われわれが言葉を通じて思考する時、思考内容や言葉の根底に実は「語りえぬ者」が存在するのだという主張が、この言い方に込められている。ただし「語りえぬ者」は、人間の内で、あるいは外で語られるどんな言葉にも、あからさまに姿を見せることはない。つまり「語りえぬ者」は、思考とか言語に対して超越的である。それは、そもそも思考や言語が成立する際の、いわば絶対的先行者として超越している。従ってそれは、プラトンが『国家』篇のなかで究極の学科と呼んだ、善のイデアに照応する面がある。

フィロンとユスティノス

紀元後一世紀から二世紀に活動したフィロンとユスティノスは、神が「語りえぬ者」であることを、ひときわ強く唱えた人々であるように見受ける。彼らは「語りえぬ者」の標語のもとに、至高善なる神の超越性を、超越するがままに堅持する姿勢をつらぬこうとした。その動機を想像すれば、いくつかのことが挙げられよう。この二人の時代のプラトン主義――それは中期プラトン主義という総称で括られている――は、ストア派の強い影響を受けながら、同時にストア派の唯物論的な傾向に抗して、神の、あるいは一者の超越性を守り抜こうとしたが、その試みがなお根本的な弱点を抱えていた、という思想状況がひとつ考えられる。あるいはまた、ヘレニズム・ローマの宗教が神の超越性を忘れ、星辰神信仰などに見られる、内在的な神観を受け入れていたという事情もここで考えにふくめてよいであろう。等々である。

言葉に語りえぬ神をかかげる点で、神学上フィロンとユスティノスは近い。しかも、この点をめぐって展開する議論の細部においてすら、両者は著しい類似を示す場合がある。たとえば、言葉に語りえない神に名を与えることはできぬ、その意味で神には名がない、という主張は共通に見られる。そうなるとフィロンとユスティノスはどこで一致し、どこで相違するかという問いに、関心を寄せる人もあるであろう。フィロンからユスティノスに至る線で「語りえぬ者」の概念史を試みたくなるのである。そして概念史の研究は、このひとつの言葉の解釈の歴史、すなわち解釈の多様な可能性を教えてくれる。けれどもまた概念史の方法には、手薄な面もある。概念史は普通、問題とするテキストの表面に語られている所から出発する。表層の文脈によって概念を捉えようとする。それは、「語りえぬ者」を敢えて持ち込まざるをえない思索の筋道を追跡するには、いささか不向きであると思う。なぜ「語りえぬ者」と言わざるをえないのか。この問題と取り組むのであれば、「語りえぬ者」のより深い文脈を洞察しなければならない。

テキストを前に置いて、「語りえぬ者」に連なる哲学的な読み筋を探り出しながら、考察を進めてゆくしかないのである。フィロンとユスティノスは前述のように多くの類似点を示す。それゆえ両者の比較は有意義であるが、比較から概念史に向かうのではなく、比較によってユスティノスの哲学的理路を明らかにしたい、と私は思う。と言うのもこの教父においては、フィロンにおけるよりも、「語りえぬ者」をめぐる考察が豊かに展開していると考えるからである。これにはもちろん異論もあろう。しかしこの点は、やがて徐々に明らかとなるはずである。

伝存する著作を見る限り、ユスティノスは至高善なる神について、主題的にはほとんど論じていないかに見える。西田幾多郎の『善の研究』のように、ひとつの原点を定めて系統だった記述をする、そういう書き方はしていないのである。むしろ断片的というべきであろうか。そこには当時の情況が反映している。すなわちローマの大衆的誹謗のなかで、苦境に立たされた者として、キリスト教徒の弁明のために綴った言葉のはしはしに、己の神学を吐露した様が彼の弁明著作にはうかがわれる。このように彼の著作は全体に弁証の意図がにじみ出ており、哲学的理説を述べることよりも、当面の難題への対応に集中しているように見える。ただしこのことは現存する三著作について言えることであって、推定されるように彼が多作の人であったとするなら、散佚した著作のなかに相当量の理論的展開を残していた可能性も否定はできない。いずれにせよ彼の、しばしば断片的な考察の跡を辿れば、この人がある理論的基盤に立って発言していることは、十分に推定しうる。それに少数ではあるが、そのことを裏付けるに足る長さの段落もみられるのである。そうしたテキストの一、二を後に取り上げてみたい。

フィロンとユスティノスでは、「語りえぬ者」の配置される文脈が異なる。神を至高善（アリストス）と言い換える点は、二人とも同じである。けれどもフィロンによれば、神の本質は不可知の闇のなかに秘められている。身体の眼に見えぬことはもちろん、知性（ヌース）の眼によってすら全く知ることができない。人間の認識一般から超絶した神こそが、彼の神観の頂点に位する。彼は言う、モーセを見るがよい。人の世に希有の探求者として生涯を送り、神のいます濃い雲のなかに進んでいったモーセですら（出二〇・二一）、神を見たいという願いは空しく終った。「汝わが後ろを見るべし、わが顔は見るべきにあらず」という答えを得ただけであった（出三三・二三、二二）。神を神において知ることはできないのだという諦念とともに、そういう否定的認識に達しえた自己に、探求の慰めを見出したのである。(1)

このようにフィロンは、人間の認識の限界を徹底して強調する。従ってフィロンの神学においては、神は不可知であり、それゆえ不可言表でもある。すなわち神は「言葉に語りえぬ者」である。以上のようなフィロンの否定神学には、実は宗教的伝統から由来する動機も作用しているらしい。先ず、ユダヤ教徒としての聖四文字（YHWH）に対する畏れがある。その神名は、人間の口が決して唱えてはならないものであった。次に、密儀宗教の影響も考えられる。秘儀参入の階程において、究極的奥義にあずかる者には、ただ沈黙だけがふさわしいとされる。フィロンは、そのような沈黙の戒めをアレクサンドリアの精神風土のなかで身につけているらしい。そこで次にユスティノスの場合である。神を「語りえぬ者」と言う文脈を、この教父はどのような地平に導いたのか。「語りえぬ者」の文脈を明らかにし、地形図のようにその所在を描くこと、これがわれわれの課題である。すでに触れたフィロンの場合と比較すれば、ユスティノスは、明らかに異なった素養の持ち主である。聖四文字に対する畏れなどは少なくとも表面上、口に出したりしない。

ロゴスに関してはフィロンと同様思弁的知識を具えていたけれども、教父の関心は結局ロゴスの受肉に集中している。受肉とは神が眼に見える姿をとり、人間の言葉を語ることである。フィロンのまだ知らなかったこの出来事が、教父においては思索の活力となった。神を絶対的に認識不可能と考えるフィロンから見れば、神が身体の眼に見えるなどという考えは、到底受け入れられるものではなかったはずである。二人のこの違いは、旧約物語の解釈においても歴然としている。出エジプト記三章には、神が、燃える柴のなかからモーセに言葉をかけたという、有名な話がある。その時神はみずからを指して、「我は有りて有る者」と呼んだのである。ユスティノスが、この記事を引用する時は燃える柴という可視的な姿を重視し、それはロゴス・キリストの顕現であったと主張する。そして「我は有りて有る者」は引用から除いている。(2) フィロンはこれと対照的であって、燃える柴などは本質的なことではないので、記事の引用にふくめないこともある(『改名』一一―一二)。その代りに「我は有りて有る者」の句を重視している。

フィロンとの比較から、もうひとつユスティノスの特徴を捉えることができる。それは言語観の違いと言ってよい。フィロンにおいて人間の言語は、最終的には神の存在から隔絶しており、その隔たりのゆえに、神は「語りえぬ者」なのであった。これに対し、ユスティノスが「語りえぬ者」に言及するのは、そこからロゴス（ことば）が生れ、さらにロゴスが地上の人間となって、われわれと同じ言葉を語ったことに話を向けるためである。神の側から発するロゴスの展開において、「語りえぬ者」は人間の言葉と接している。ある仕方で接触しているのである。これは重大なことであって、われわれの考察は、何よりもユスティノスの言語論を対象に定むべきことを教えている。

「語りえぬ者」の文献学

「語りえぬ者」がロゴスを介してわれわれの言語にかかわっている、という逆説的な言語観を提示した。ユスティノスのこの提題は、様々に反省され捉え直されつつ、いくつかの重要な洞察へと展望を開いている。その一例を見てみよう。

教父の考え方を前提として受け入れるならば、直ちに承認せざるをえない帰結がある。それは、語りえぬ神の善はわれわれのためにあるという点である。「われわれのため」はラテン語の神学用語で pro nobis であるが、教父はギリシア語で〝ディ・ヘーマース〟と言う。この言い方は、主として二つの文脈、すなわち創造論と受肉論に見られる。ロゴスによる世界創造は人間のためであり、ロゴスの受肉はわれわれのためである、と言う——、

〈創造について〉『一弁』一〇・二、『二弁』四・二、五・二、『対話』四一・一など

〈受肉について〉『一弁』五〇・一、六三・一〇、一六、六六・二、『二弁』六・五、一〇・一、一三・四など

これによって教父は何を言おうとするのであろうか。「われわれのため」という規定の下でしか、われわれは神の善を知りえないということではなかろうか。それとも、われわれのためでない善を「善」と呼びうる人が、こ

の世に存在するであろうか。

それにしても、「語りえぬ者」をわれわれのためと規定してしまうことには、何かしらためらいが感じられる。人間の側から投げかけるあらゆる善の規定を超える者が、どうしてわれわれのためと言えるのであろうか。そもそも「われわれのため」とはどういうことであろうか。教父の語る「われわれのため」は、人間の我利我欲のためと言う意味ではない。人間が自分勝手に思い做した利益のため、ということではない。神の善がわれわれのためであるのは、海の恵みが人々の生活のためにあるのと似ている。海辺の村人達が海の善さを理解するのは、海が生活にもたらす様々な利益によってである。浜辺の寄り合い、魚介海草などの海産物、交易のための海路港湾、海洋性の気候と保養、観光資源などとして、海の恵みは村の生活を支えている。それゆえ人々は海の有り難みを語る。しかし、それだけではない。村の経済と発展を考えれば、お金の計算もしなければならない。そうした日日のなかで、村人の言葉は歪みやすい。こうして生活の善さを金銭価値によってのみ考え始めるなら、言葉は自閉化し、海は我欲のための手段になってしまう。乱獲や環境破壊が発生する。そうした閉塞状況を抜け出そうとすれば、生活の外から聞こえてくる海の声に、じっと耳を傾けるしかない。海の自律的な営みを告げる声に、である。言葉に言い表し難い海の声と、村の生計とは、このような緊張関係をなしていなければならない。語りえぬ神の善がわれわれのためであると言うのも、海の恵みと似た面がある。われわれは後にユスティノスの言葉を取り上げ、その文脈のなかでこれを論じることとなろう。

ユスティノスの「語りえぬ者」はわれわれのためであり、しかも、第二点として「生れなき者」でもある、という基本性格を有する。「生れなき者」はギリシア語の〝アゲンネートス〟(agennētos) であって、一言で紹介すれば、生れてくる一切のものに常に先行する神の善を表明している。ある絶対的な先行性と言ってもよい。そのような先行性を具えた言語の一種に預言がある。なぜならそれは、歴史事象内の成就に対して、常に先行しているからである。

ところでギリシア語には、これとよく似た〝アゲネートス〟(agenētos)という形容詞もあって紛らわしい。しかもこちらは「生成によらぬ」と訳すことがあり、語意の上でも混乱しやすい。かつてユスティノスのテキスト校訂者達は、写本に〝アゲンネートス〟とあるのを見て、これを〝アゲネートス〟に変更しようとしたことがあった。しかし、ユスティノス自身は、この形容詞を一度も用いていない。「生れなき」の語で教父が言いたいことは、生れることに対する、あるいは誕生の系列に対する、絶対的先行性なのである。したがって現象世界の生成一般に対する先行性(アゲネートス)より、もっと限定した言い方になっている。受肉ということが念頭にあっての用語なのであろう。

ユスティノスによれば、神は語りえぬ者であり、生れなき者である。これは今述べた。しかしこのことは、もう少し丁寧に見ておく必要がある。注意して見ると、彼の言葉遣いにはひとつの特徴がある。「生れなき者」と「語りえぬ者」の二語をこの語順で連結し、「生れなく、語りえぬ者」と言うのである。この点に留意しながら、ここで、「言葉に語りえぬ神」の全用例を挙げ、考察の土台としたい。

「言葉に語りえぬ神」の全用例

(1)『第一弁明』九・三

(2)　一〇・一「神は、人の与えるいかなる名によっても呼ぶことのできないかた」……「アレートス」欠

（3）　六一・一一
（4）　六三・一
（5）『第二弁明』六・一「しかし万物の父に名をつけることは、父が生れなきかたである以上、できません。」
……「アレートス」欠、「生れなき神」の論理的先行
（6）　一〇・八
（7）　一二・四「生れなき神、言葉に語りえぬ神」
（8）　一三・四「生れなき神、言葉に語りえぬ神」
（9）『トリュフォンとの対話』一二六・二「生れなき神、言葉に語りえぬ神」
（10）　一二七・二「生れなき神」（一二七・一）の論理的先行
（11）　一二七・四

〔弁証家におけるその他の用例〕
アテナゴラス六・一、タチアノス三四・三、アリスティデス一・五〔ラ〕訳

この表には、「語りえぬ者（アレートス）」を用いてはいないが、同趣旨のことを言っている箇所（2）、（5）をふくめ、合わせて十一の用例を掲げた。ただし、〝アレートス〟が文面に出ていないタイプの用例は、今後の調査により少々増えるかもしれぬ。

ここには参考のため、二世紀の弁証家における〝アレートス〟の用例も挙げてある。アリスティデスの『弁明』のテキストはラテン語訳でしか残っていない。それによると、Nomen ei non est……「この方は名を持た

ない……」とあり、ここでギリシア語の〝アレートス〟が用いられていた可能性は低いと思われる。しかしこの箇所を含めても、ともかく他の弁証家の用例は僅かであり、ユスティノスは強調的に〝アレートス〟を使っているとの推定が、許されるようである。

さて、用例の表において、「生れなき」と「語りえぬ」の二語連結形は三回あり（7）―（9）、さらにそれに相当する用例（5）（10）を加えると、実質的には五回あると見てよい。これらの文例が示すように「生れなき」は「語りえぬ」に常に論理的に先行しており、論理が逆転することはない。すなわち、生れなき者であるがゆえに語りえないのだ、という論理を教父は表明しているのである。従ってこれは、単なる文献学的特徴などではない。教父の言語観の根幹にかかわってくるような事柄であろう。これはフィロンには見られなかった特徴である。フィロンにあっては、神は不可知であるがゆえに、言語に語りえないとされた。これとの対照を示す、ユスティノスの言葉を引いておこう――、

しかし万物の父に名を付けることは、父が生れなきかたである以上、できません。なぜなら何らかの名で呼ばれる者には、その名を付ける者が、その者に先立って存在するからです。「父」「神」「創造者」「主」「支配者」というのは、名ではありません。神の恵みと御業にもとづく肩書なのです。（『二弁』六・一―二）

ここでは「言葉に語りえぬ」ということが、命名不可能という言い方で出ている。父なる神は生れなき者であるがゆえに、いかなる者によっても名付けることができない、と言うのである。神の不可命名性や「父」「神」等が名ではなく肩書であるとする点では、フィロンと合致する（『改名』一一―一二）。しかしながら、この言葉は

不可命名性の根拠の点で、フィロンと異なった立場を表明している。

「生れなき者」はなぜ名付けられないのか。その真の理由、これが今問うべき問題である。引用した文にはこうある――「なぜなら何らかの名で呼ばれる者には、その名を名付ける者が、その者に先立って存在するからです。」これはもちろん神の名についての考察である。そこで神名という点に注目してみよう。もともとこの段落は、文脈上、ギリシア神話に現れる神々の名を論じた節（五・六）を引き継いで、議論を進めている。その節を振り返ってみると、「ポセイドン」「プルートン」などの神名は不当な名付けの例であって、理由は堕落した御使がそれぞれ自らに与えた名であるという点にある。このようにユスティノスが語っているのは名指し一般のことではなく、正当と不当の区別が論じられる場合の名指しなのである。そして正当な名指しの根拠は存在の根拠にあるとすれば、神に依拠して存在する御使は神を根拠にしてしか正当な名を持ちえないことになる。御使は自らを根拠にして自らを名指す資格がない。このような存在の根拠にもとづく名指しの論理は、生む者と生れる者の関係においても同様である。生れる者にとって生む者は存在の根拠であるがゆえに、名付けの根拠である。とすると、「生れなき者」である父に名を与えうる者はない、という結論に達する。このように、教父が論じているのは生命存在にたいする本来的な名付けの問題であって、われわれの日常的なそれではないのである。

以上においてわれわれは、「語りえぬ者」の基本性格をたずね、神の善との関わりにおいてそれを明らかにしようとした。そこから得られた若干の知識を振り返れば、次の三点に要約できるであろう――、

(1)　「語りえぬ者」は、言葉に言い表すことのできない神の善を言うのであるが、それと同時に「われわれのため」という規定を受け、それとの緊張関係を保っている。

(2)　「語りえぬ者」は「生れなき者」との論理的関係において、用いられる語である。

(3)　これらの議論は、すべて言語論ないし名辞論の地平で展開している。このようなユスティノスの思索は、これらの点で、フィロンの「語りえぬ者」との鮮やかな対照をなしている。ユスティノスに特徴的なあるいは個性的な問題把握を示すものである。このことを考慮にふくめ、今後さらに「語りえぬ者」の文脈のひだを照らし出してみる必要がある。ユスティノスの言語論の視界で、「語りえぬ者」の理路は、より大きな展開を見せることであろう。

ユスティノスの言語論

著作全体を通観してみると、ユスティノスは、三つの言語水準を識別しているようである。三つの水準は質的に区別される。そこでそれを確認するところから始め、やがて「語りえぬ者」の問題へと考察を進めたい。その第一は大衆的な日常言語の水準であって、たとえば信徒達を「キリスト教徒」という名だけで罪悪視するような言語のあり方である。キリスト教徒の行為が有罪に値するものかどうか、それを先ず吟味しなければならないのに、そうすることはなく、もっぱら群衆心理的な思い做しによって、「キリスト教徒」の名を有罪の観念と結びつけている。そういう心理的惰性をユスティノスは悪霊の仕業と呼ぶ。彼が「悪霊」という言葉を用いる時には、名辞とその観念を不当な仕方で結びつける者、という意味のことが多いのである。それゆえ、第一の言語水準は、悪霊言語と呼んでも教父の意図を曲げたことにはならないであろう。この人にあっては、悪霊追放すらも名辞論的な文脈で理解する必要がある。

第二はギリシア哲学の言語水準であって、ユスティノスの評価では、優れた成果を生んだがなお人間的制約内のものとされる。それは人間に内在する思惟の能力によって真理を探求する時、その道程を導いてくれる言語である。これを内発言語と呼んでおこう。教父はこの種の言語に相当の尊敬を抱いているが、大事な点で欠陥を残していると言う。何が欠けているのであろうか。超越的な啓示が欠けているのである。そこで彼が重視するのは啓示の言語であるが、これが第三の言語水準ということになる。天地創造以来、歴史を通して、神は折々に人間に語りかけてきたのだ、と教父は考える。ある時には、ヤコブは御使と角力を取って会話を交わしたし、またある時には、神は燃える柴のなかからモーセに話し掛けたのである。人間に呼びかける神の言葉の連綿たる歴史のなかで、もっとも重視すべきものは、預言とその成就すなわちロゴスの受肉である。受肉の預言は、啓示のなかでも特異な位置をしめる。預言を初めとする神の語りかけ、これを啓示言語と呼ぶのである。以上によって三種の言語区分を紹介したが、内発言語と啓示言語は次節以降でさらに詳しく取り上げたい。

『第二弁明』第十三章は、ユスティノスの言語観を多少ともまとまった形で伝えている貴重なテキストである。そこに見られる理論的構成は、「語りえぬ者」をめぐるわれわれの問題意識に丁度接続しているように思われる。事実この文脈には、「語りえぬ（アレートス）」「生れなき（アゲンネートス）」「われわれのため（ディ・ヘーマース）」などの重要語句が見られるのである。しかもこの章は、先行の第十章と密接に関連し、並行している。つまり内容の点で二つの章は相補的な関係にあり、教父の理説がしばしば断片的であることを考えると、分量のある段落としてこれは数少ない例のひとつと言える。そこで次に『第二弁明』の二つの章を全文掲げ、以下の考察の土台としたい。

『第二弁明』第十章

1、こういうわけで私共の教えは、確かにあらゆる人間的な教説よりも偉大であると思います。その理由は、全体者なるロゴスが、私共のために出現したキリストとして生れ、身体とロゴスと魂とになったからです。

2、「全体」というのはこういう意味です。何時の時代にも、愛知者や立法家達が語り、見出してきた良質なものがありますが、これはすべてロゴスの部分による発見と観照を通じてえられた努力の結果なのです。

3、しかし彼らは、ロゴスについての全体すなわちキリストの知識をえていなかったので、その言葉はしばしば自己矛盾に陥ることもあったのです。

4、そしてキリストよりも以前にあった人々も、人間性の制約内でではあるが、ロゴスによって事物を洞察し論証しようと努めた時、不敬虔な者であるとか魔術師であるという理由のもとに法廷に引き立てられました。

5、このような人々のなかで誰よりも活発にこのことを目指したソクラテスは、私共と同じ罪状で訴えられました。すなわち人々は、彼が新しい鬼神を持ち込み、国家が神々とするものを神々と信じていないと主張したのです。

6、ソクラテスは悪霊共や詩人の話に出ているような振る舞いをなす神々を、ホメロス他の詩人達とともに彼の「国家」から追放し、人々には、こうした者共を避けるように教えました。また一方、この人々にとっては知られざる神の知識に、ロゴスによる探求を通じて到達すべきことを勧めたのです。彼はそのことを次のように語っております。「万物の父また創造主なるかたを知るのは容易ではない。あるいは知ったとしても、あらゆる種類の人々に語るのは安全ではない。」

7、ところが、このことを、私共のキリストは自身の力によって行ったのです。

8、ソクラテスを信じて、この人の教えのために死に至ったほどの者はおりません。これに比すれば、ソクラテスも部分的には知っていたキリスト（と申しますのもこのかたはかつても今も万人の内にあるロゴスであり、預言者達を通じても、また——私共人間と同じ感性を負うものとなり、教えを授けることにおいて——自分自身を通じても、未来の出来事を予告していたからです）の場合、愛知者や学者ばかりか、手職人やまったく教養のない人々までもこのかたを信じ、栄誉も恐怖も死も取るに足らずとしたのです。要するにこのかたは、言葉で言い表すことのできない御父の力であって、人間的制約を負ったロゴスの産物などではないのです。

『第二弁明』第十三章

1、キリスト教徒の神的な教えに対して悪徳の装いを着せ、人々の心をそこから遠ざけようとしているのは悪霊なのです。このことを見抜いておりますので、そうしたことを述べる偽証者も、偽証者が私共に着せようとする装いも、わたくしは嘲笑いたしましたし、大衆の偏見も無視しました。

2、わたくしはキリスト教徒と認められることを願い、またあらゆる困難と戦いながらそれを告白する者です。それはプラトンの教えがキリストのそれと異質であるからではなく、すべての点では類似していないからです。このことはプラトンにかぎらず、ストア派や詩人や作家の教えについても同様です。

3、その理由を述べます。この人々はそれぞれに神のロゴス・スペルマティコスの部分によって、（その部分と）同類のもの（すなわち部分的存在）を見る場合には、正しいことを語ったのです。しかし他面で、重要な問題については相互に矛盾することを語っているので、揺るぎなき認識とか疑問の余地なき知識は、まだ有していないと思われます。

4、とすると、あらゆる人々の間で語られてきた正しい言葉は、どれも私共キリスト教徒に属しているのです。なぜなら私共は、生れなきかた、言葉で言い表すことのできない神から生れたロゴスを、神に次ぐ者として拝し愛するからです。それはロゴスが、私共のような者のためにさえ人となり、私共の苦しみの様をも共にすることによって、さらにそれを癒してくださるという理由によるのです。

5、すなわち前述の著作家は皆、人間に植えつけられたロゴスの種子の内在に依存していたために、諸存在を、不鮮明に見ることしかできなかったのです。

6、言い換えるなら、「或るもの」の種子と模写（ミメーマ）とは、それを受け取る側における能力の限界をともなっているのです。これに対し、「或るもの」自身への分有と模倣（ミメーシス）とは「或るもの」自身の側からの恵みによって起こるのです。この点でロゴス自身とその種子とは区別されます。

引用したテキストには、二つの言語水準の鮮明な対照が見て取れる。われわれが内発言語と呼ぶ水準は、「ロゴス（スペルマティコス）の部分」に依拠するものとされる（一〇・二、一三・三）。これに対して啓示言語の水準は、「全体者なるロゴス」の語る言葉であると言う（一〇・三）。ここには全体と部分との対照があり、それに伴って他の対照点も挙がっている。たとえば人間的制約や能力の限界内に生じる言葉と、恵みとして人間に与えられる言葉とが対置されている（一〇・四、八、一三・六）。さらに内発言語は、善悪の判断のような全体に関わる問題においては、自己矛盾に陥るとされる（一〇・三、一三・三、九・三−四）。これは啓示言語に対する劣性を示すものであろう。

ここから分かるようにユスティノスは、二つの言語水準を截然と区別する意図を抱いている。しかもその意図は、ギリシア・ローマ文化に対するキリスト教の優越という、世界史的な展望と一体になっている。と言うのも内発言語を語った人々として「愛知者や立法家」(二〇・二)、「著作家、詩人」(一三・二、五)、「ソクラテス」(一〇・五、六、八)、「プラトン、ストア派」(一三・二)、を名指しているからである。このような教父の見解は、実は注意深い解釈が必要である。単純な受け取り方をすれば、キリスト教の優越を唱えることなどは、宗教家にあり勝ちな、激越した口振りを思わせる。ギリシア哲学の愛好者にしてみれば、傲慢不遜の言葉と思われるであろう。しかし教父はそのようには言っていない。むしろ彼は、ローマの最高権力者達に対して、キリスト教とヘレニズム・ローマ文化とは必ずしも矛盾しないことを言っている。プラトンの教えはキリストのそれと異質ではない、と言っていることを見てもそれは疑いえない(一三・二)。ただしキリスト教と伝統文化の関係について、前者が後者を包摂する、すなわち全体が部分を包摂すると、主張しているのである。言い方を変えれば、キリスト教は伝統文化を完成するという理由で、その優位を述べようとした。したがって単純に勝った負けたの話をしているのではない。彼の自負には、キリスト教の文化的責任の自覚が秘められている。

このように啓示言語が内発言語に対して超越しているという主張は、ギリシア・ローマ文化の不備と限界を突く論調とひとつになっている。とりわけ、ロゴスの部分に依拠するギリシア哲学に対して、キリスト教を真の哲学とする点は、読者の注意を促すことであろう。と同時にギリシア哲学をこのように特徴づけるユスティノスの評価には、いかにも粗雑な議論ではないか、との印象を受けるかも知れない。ソクラテスにしても神々がこの世界に贈る知的な賜物のあることを信じていたのではないか。それを「啓示」とは呼ばないにしても、世界の外から射し込む叡知の光を期待しつつ、哲学の営みを続けていたことは疑いえない。とすれば哲人達が、人間の内在的能力だけを信じていたとは思えない。こう言いたくなるのが自然であろう。一体教父は、ここで何を言おうとするのであろうか。彼の言葉を注意深く聴く必要がある。が、ロゴスの部分の問題はもうしばらく後に取り上げたいと思う。

『第二弁明』の文章を通じて、二つの言語水準を峻別しようとする著者の意図を確認してきた。そこで今度は峻別の根拠を問わなければならない。つまり彼の文章を、論証の言葉として検討しようと言うのである。これは教父の言語観を理解するために、基本的な課題であることが、やがて明らかになるであろう。内発言語と啓示言語との間に断絶と接続の関係を見定めるならば、そこからさらに、「語りえぬ者」への跳躍の動機を見出しえはしないだろうか。「語りえぬ者」の言語論上の文脈と言ったが、その筋道をここで辿ろうとしているのである。そういう探求方法をとってみたい。

既に紹介した『第二弁明』のテキストには、こういう言葉が語られていた。目下の問題にとって決定的な重みを持つと思われるので、改めてここに掲げ、探求の出発点としよう――、

こういうわけで私共の教えは、確かにあらゆる人間的な教説よりも偉大であると思います。その理由は、全体者なるロゴスが、私共のために出現したキリストとして生れ、身体とロゴスと魂とになったからです。(『二弁』一〇・一)

この言葉は、キリスト教が偉大であることの理由を述べている。「人間的な教説」、たとえばプラトン主義の学説に対するキリスト教の優位は、ロゴスの受肉という一点にその根拠が求められる、と言うのである。なぜであろうか。と問う時われわれは、教父の受肉解釈を問うている。とすれば、受肉の考察の場をなすロゴス論に目を

留めることが、言語の問題との連絡の点でも、大事であろう。そこで次のような問題が析出してくる。

(1) 上掲『第二弁明』の文脈において、「ロゴス」はいかなる概念をもつ語か。

(2)「ロゴスの部分」とは何か。

(3)「全体者なるロゴス」とは何か。

以下この順を追って考察を進め、啓示言語の超越の相貌に光を当てたい。

(1)「ロゴス」の概念

「ロゴス」という語はユスティノスの著作に頻出し、その概念は多岐に分類される。創造論の文脈に出てくるロゴスは世界の創造者であり、また救済論の用例においては、ロゴスの受肉が中心的な意味をもつ。こうした多様な性格の包括的な解釈は、別の機会に試みたのでここで再述することは避けたい。(3) ただ、ロゴスという語がいかなる意味で用いられているかの問題意識は、教父の言葉を理解する上で不可欠であるし、無用の議論に迷い込む危険に対し、予防ともなる。そこでやはり、上掲『第二弁明』の文脈については、ロゴスの概念に触れておかなければなるまい。先ず訳語の問題であるが、これが難しいのである。あえて訳出するとしても、「ことば」以上の適訳が見付からない。欧米語圏では「理性」(reason, raison, Vernunft) と訳す人が多いが、心にある内的な「ことば」という意味でなら、それでも良いかもしれない。しかし、それがやがて外なる音声の言語として表出することを考えれば、「理性」よりもむしろ「ことば」と訳したい。と言っても、この訳語も万能ではない。「ことば」で押し通そうとすると、文脈によってはどうもなじまない日本語表現が出て来てしまうからである。「ことば（ロゴス）の部分」「万人の内にあることば（ロゴス）」はどこか不自然だ。こういう事情があるために、本節においては不本意ながら片仮名で「ロゴス」と表記している。こうしておけば原文との対応は付けやすい。

上掲『第二弁明』の文脈において、ロゴスは二つの顕著な性格を具えている。「力」と「基準」と、二つの概念が認められる。力の概念のロゴスとは、ロゴスが歴史に介入して、燃える柴のなかからモーセに語りかけるという場合のロゴスの働きの面を言う。従って自己を人間世界に啓示する力と言って良い。とくに地上に受肉し、人間として歩む姿に、この力（デュナミス）は、強く自己実現している。この意味での「ロゴス・デュナミス」に、教父はしばしば言及している。[4] われわれのテキストにおいては、「全体者なるロゴスが、私共のために出現したキリストとして生れ」（一〇・一）の句に、ロゴスの力の概念が込められている。次にロゴスの「基準」の面を見てみよう。尺度あるいは基準という意味でのロゴスは、すでに古典ギリシア期に多くの用例が見られる。このようなロゴスが、判断や思惟の基準として人間に与えられている。たとえばロゴスは善悪の基準であり、受肉したロゴスは、それが地上に具現したものである。この意味でのロゴスを、ユスティノスは「正理（オルトス・ロゴス）」とも呼んでおり、われわれのテキストの先行文脈に登場する――、

しかし〝正理（オルトス・ロゴス）〟なるかたは、その来臨の時に、あらゆる意見あらゆる教えが正しいわけではなく、あるものは悪であり、あるものは善であることを証示しました。（『二弁』九・四）

これは、人間世界の法に食い違いがあるために、善悪の判断などは人それぞれだという考え方に対して、教父が反論を加えた言葉である。この世界に来臨したロゴスこそが、様々な意見、様々な教えに対する評価の基準であることを述べている。ロゴスの基準性は次項でさらに論じたい。

(2)「ロゴスの部分」

「ロゴス（スペルマティコス）の部分」とは何であろうか。それは「ロゴスの種子」（一三・五）とも呼ばれる。またロゴス・スペルマティコスは原文で理解すれば「種子を蒔くロゴス」と訳せるので、(5) ここでもロゴスと種子の観念が結びつきやすいのである。しかしながらロゴスの部分はロゴスが種子のように部分化し、分散して人間の魂に蒔かれ、やがて発芽するといったイメージで捉えてはならない。そういう植物学的な類比で「部分（メロス）」を説明しようとすると、重大な誤解を呼び込むことになるからである。と言うのも植物の種子は発芽し、成長して自然に全体性へと至る。これに対してユスティノスの言う「部分」は、自然の成長過程を経て全体に達するような部分、すなわち潜在的全体などではないからである。ロゴスの全体性は、部分と断絶している。この点はやがて明確になってくるはずである。

「ロゴス」の部分とは、人間の認識能力に写った神のロゴスの似像である。ロゴスの歪少化した知識である。上掲『第二弁明』のテキストに照らして、この点を明らかにしてみよう。「ソクラテスも部分的には知っていたキリスト」という言葉が見える（一〇・八）。それはキリストに対する知識の部分性、不完全性を意味している。ギリシアの哲人達がそのような知識段階に留まったことは、またこうも言われている。「彼らは、ロゴスについての全体すなわちキリストの知識をえていなかった。」（一〇・三）。この言葉によれば、「全体」もまた知識の全体性を意味すると考えて良い。このように教父の用語法は厳密であって、人間の知識のなかでロゴスを語り、そのなかでしか語らない。これが彼の基本姿勢である。こうしてロゴスの部分は、ロゴスの知識の部分性と考えられる。ユスティノスはそれを「人間的制約」の範囲内にあるもの（一〇・四、八）、「能力の限界」をともなったもの（一三・六）と評価しており、ロゴスの全体性に対する断絶を示唆している。

では改めて問うてみよう。「ロゴスの部分」とは何であろうか。もう少し考察を進めてみたい。まずユスティノスの言葉を拾い出し、まとめてみよう。彼はギリシア哲学に対して「人間的制約」を負ったもの、「ロゴスの種子の内在」に依拠したもの、などの評価を下している。それはもちろんギリシア哲学の限界を指摘した言葉と受け取ってよい。「ロゴスの種子」は教父の好んで使う言い方である。[6]「すべての人には真理の種子がある」(『一弁』四四・一〇)という主張もその言い方の例に加えられる。ロゴスの種子は万人の内に宿っており、真理の探求を志向する。けれどもその探求は本来、人間的な限界を負っている、と言う。これは人間の生得的能力から出発する知識の欠点を述べたものであろう。こうしてギリシアの哲人達に対し、「重要な問題については相互に矛盾することを語っているので、揺るぎなき認識とか疑問の余地なき知識は、まだ有していない」[7](二三・三)という判断を示すのである。つまり哲人達はロゴスの部分の知識に留まっており、まだ全体知に達していない、と考えている。では、ロゴスの部分と対照をなす全体知を、人はどのようにして目指すのか。それについて教父は何と言っているのであろうか。教父は繰り返し受肉のロゴスに言及している(一〇・一、八、一三・四)。受肉のロゴスを、ギリシアの哲人達の部分知に対立させているのである。受肉し地上の生を享けたロゴス・キリストの、可視的な姿と行為、声と言葉に接し、そこで経験する知識、それが教父の主張する全体知であると言えよう。

こうして「ロゴスの部分」とは、何かが推定できるのではなかろうか。ロゴスの部分とは、人間が生得的に有する言語の能力とそれに伴う知識ではなかろうか。誕生と共に日常言語の習得の過程が始まり、やがて物心がつく頃に、人は言語によって思考するようになる。そうして思考自体を言葉によって反省するようにもなる。その成果は言語によるのであって、理論知と呼ばれる。そういう知識が、教父の言うロゴスの部分に属するのである。

しかしここにはひとつ問題がある。そうした言語能力は人間のいかなる部位に座を占めるのであろうか。魂にであろうか、それとも身体にであろうか。もし身体に言語的な能力も思考も認めないとすれば、言語能力の座は魂にある、とするしかない。そういう人間観が普遍的に見られる。しかし真理の探求において言語の思考にのみ依拠するならば、それはすでに人間の身体性を捨象しているのである。人間の全体像を見失っており、探求の出発点において制約を負っている。人間の全体性において了解すべき、経験知の沃野を捨てているからである。その限界を乗り越えようとすれば、受肉のロゴスの生きた経験を通じて、人間の全体像を回復すべきである。そう教父は主張しているのであろう。

ユスティノスの言語論において、人間に宿るロゴスの知識は判断の基準となる。音声言語の真偽は、その基準に照らして定められる。基準は音声言語や文字の側ではなく、魂の側にあるということである。ただ、われわれのロゴスの知識は部分的であるため、判断の基準も不十分とならざるをえない。とは言えそのような制約を負った「ロゴスの部分」が、存在の探求において、不十分ではあるが一定の役割を果たした。と、教父は考えている。その言葉を引いておこう――、

ロゴスの部分による発見と観照（一〇・二）
ロゴスによって事物を洞察し論証する（一〇・四）
ロゴスによる探求（一〇・六）
ロゴス・スペルマティコスの部分によって、（その部分と）同類のもの（すなわち部分的存在）を見る（一三・三）
ロゴスの種子の内在に依存していたために、諸存在を、不鮮明に見ることしかできなかった（一三・五）

われわれが不十分な判断基準に知らずに従う時、どういう兆候が出てくるのであろうか。どういう結果が生じると、不十分であったことを思い知るのであろうか。こういう例がある。十年以上も前になるが、観音崎で東京湾の漁具の話を聞いたことがある。東京湾の漁師は昔、木綿の網を使っていた。砂浜で年寄りが網を繕っている風景が、この頃よく見られた。しかしある頃からナイロン製の網が普及し始め、漁師達は木綿製など目もくれなくなった。ナイロン製は透明であるから網の目が目立たない。これで魚がよく獲れるようになる。しかも修理が簡単だから、根掛かりを恐れずに網が打てる。こうして漁獲高が急上昇したが、それもほんの一時期しか続かなかった。たちまち乱獲の結果が現れてきたからである。当初の目論見とは逆に、ナイロン網は沿岸漁民の生活を圧迫するようになった。こういう話があった時代は、今の東京湾と比較すれば隔世の感を禁じえない。当時の漁村の生活に身を置いて考えれば、話はそれ程単純ではなかったのかも知れぬ。ただ、このように裏目に出た話は各地の海で耳にするし、われわれの人生や社会にもこれと似た矛盾がウンザリする程多くあるなぁと思うのである。一旦は「善い」としたものを、その同じものを指して「間違っていた」と考えるに至り、何時の間にか「悪い」と言わなければならなくなる。そういう経験をしなかった人はいないだろう。完全な基準に照らして物事の善し悪しを判断するのは、絶望的に難しい。しかしまた全体との調和を欠いた知識は、自己矛盾に陥る。全体知の探求を放棄した、あらゆる「理性的」思考はこうして破綻する。

「ロゴスの部分」はなぜ欠陥があるのかと言えば、現実に矛盾を引き起こすからである。理論レベルであれ、具体的場面においてであれ、矛盾が露呈してくると、われわれは容易にそれを捉えることができる。ローマ帝国下の社会と文化を批判しようとすれば、現実の結果として矛盾が生じていることを指摘すれば良い。ユスティノスは「自己矛盾」「相互矛盾」という表現によって、帝国の哲学、宗教、法思想に烙印を押した。それは彼の常套手段と言っても良い。著作に登場する様々な論敵に対して、彼は「自己矛盾」の欠点を暴き出している。この事実は先の研究において取り上げたので、(8) ここでは、上掲『第二弁明』のテキストにもそれが認められると言うだけに留めたい（一〇・三、一三・三）。

（3）「全体者なるロゴス」

ロゴスの全体性とは、およそどのような事を言うのであろうか。部分と全体と言う時、教父は、ギリシア語で「メロス」(meros) と「ホロン」(holon) の対照を用いている。この対照語法は古典ギリシア語以来定着しており、特に珍しいものではない。ただ、われわれの論じてきた『第二弁明』の文脈に即してみるならば、こう考えることができよう。既に「ロゴスの概念」の段落で述べたように、ロゴスは存在探究における思考の基準という意味を持っている。その基準に照らして人間は、善悪や正不正（の存在）を見分けるのである。そこでロゴスの部分、すなわち不十分な判定基準に従うならば、探求も不十分な結果に終わる。このような「部分」概念を、ここで参照すべきである。そこから「全体」を見るとすると、「全体者なるロゴス」とは、十全な基準と考えざるをえない――それだけに限定してよいかどうかはともかく、そういう性格を具えていることは、対照語法からして当然の帰結である。十全であって欠陥を内蔵していない基準ということになろう。参考例としてプラトンの「ホロン」を見れば、この意味での用法をさらに確認できよう。彼の『ティマイオス』篇には、有名な世界制作の物語が語られている。そこには天文学者ティマイオスが、宇宙の十全性（ホロン）を称えるくだりがあり（三二d―三三b）、宇宙が唯一無二の生き物として全て必要なものを自己の内に具えており、充足していて不足がないと言う。プラトンは、「善」のひとつの属性ないし形容として十全性を挙げており、この例もそうである。

ここからもう一歩考察を進めてみよう。先ず、こういう問題を立ててみる。ロゴスは誰の眼から見て十全なのか。誰にとって十全な基準なのであろうか。神にとってロゴスが十全だと言うのだろうか。そうではない。「われわれのため」という規定の下でしか神を知る途がないということをここで想起したい。神からのロゴスは、われわれにとっての十全な基準としてこの世界に与えられたのである。このようにユスティノスは、われわれ人間の視点で「ホロン」と呼んでいる。しかしなぜロゴスは、われわれの十全な基準と言えるのか。今度はそれを問わずに居られなくなる。

東京湾の漁網に限らず、普段われわれの思い付く判断基準は大概不十分である。いやそれどころか、自分が今どんな基準に従っているのかを弁えているなら、それだけでも相当反省的な知性の持ち主とされるだろう。そうした日常的な問題においてすら、われわれの思考は弱いのである。ましてや人間の社会と歴史がいかなる基準に従うべきか、いかなる理想を目指すべきかとなれば、それを敢えて言明するような人は居ない。そんな事を口に出したりすれば、世間から変わり者と思われても仕方がない。そこで賢明な人は、超越的な高みに輝く様々な理念、「平和」「正義」「幸福」などを指差して、魂の上昇の道を説くのである。当時のプラトン学派その他の哲学学派は、ユスティノスの眼にこのように映っていたようである。歴史的に見てこの評価が正当であったか否かを確認しようとすれば、中期プラトン主義などの哲学著作を精査する必要があろう。が、人間の感覚を超えたような教えからは、われわれのための十全な基準は生じえないと、教父の眼には見えたのである。と言うのも、超越的な理念を見上げよと教えても、理念論だけでは、その十全な知識は得られないからである。人は不十分な知識、すなわちロゴスの部分にしか達することができない。

この時代に、ここにおいてわれわれの必要とするものは、歴史化した文化規範、可視的な価値基準ではあるまいか。理想の規範もこの世界の内に具現していなければ、われわれのための十全な基準とはなりえないであろう。正義の理念を捉える努力は貴いが、それは、一国の法として実現しなければ意味が無い。しかし一国の法も、一人の正義の人と共に生きる体験には及ぶまい。理想というものは、超越的で永遠でなければならない。しかしそれはまた、世界内に実現し、歴史と共に展開するものでなければならない。そのような地上の規範を、教父はロゴスの受肉に見出した。それは人間の心に映ったロゴスの不確かな影などではなく、ロゴス自身が、眼に見える姿でわれわれの前に立ったということである。ロゴスの受肉をそのようなものと解釈したことにより、古代キリスト教は、ローマ帝国における新たな文化形成力となりえた。人間キリストの姿に目を留め、その言葉を聴くことによって、時代ごとに新たな言葉を生み出し、命の水を汲み続ける文化の形が、ここで基礎づけられたのである。それが啓示言語の、内発言語に対する優越の理由になっている。ユスティノスはその議論を、さらにもうひとつの側面から補強している。すなわち内発言語は自己矛盾に陥るという指摘によって、示唆していた論点である（上述）。

内発言語は本性的に「自己矛盾」の弱点を抱えている、とユスティノスは言う。その言葉はもちろん啓示言語との対照を意図したものである。啓示言語は、そのような自己矛盾を起こさないという点で、超越している。そう言っているのであろう。とするなら、その論証はどうなるのであろうか。啓示言語とはそもそもロゴス自身の啓示であり、そこには預言や地上のキリストの言葉も含まれている。その連綿たる啓示の過程において、言語としての特殊な性格を論証しなければなるまい。しかし『第二弁明』の上掲テキストからは、答えを引き出すことができない。その点には言及していないからである。そこでこういうことになろう。啓示言語にかかわる目下の問題を扱うためには、『第一弁明』にも眼を向けてみなければならない。

ここでは主として『第一弁明』によって、啓示言語の、ロゴスの自己展開過程としての面を概観しておきたい。ロゴスが歴史の中に自己を実現する力動的な展開は、「全体者なるロゴス」の相貌をうかがわせるものであり、同時にそこには啓示言語の超越が語られているはずだからである。では、ロゴスの受肉を頂点とする神の言語活動とはどのようなものか、先ずそれを略述してみよう。

言葉に語りえぬ神の言語活動は、神の働き（デュナミス）とも呼ばれるロゴスの誕生に出発点をもつ。ただしそれはまだ受肉のロゴスではなく、いわゆる「先在のロゴス」である。従ってこれは第一の誕生と呼べる。神はロゴスを通じて世界を創造する。「創世記」の冒頭によれば、神はことば（ロゴス）によって天地を創造したからである。それから歴史に働きかける。すなわちロゴスは御使の姿をとり、あるいは異象のなかから、それぞれの時代に啓示の言葉を語り、かつ自己を開示した。燃える柴のなかからモーセに語りかけたのも、このロゴスである、とされる。しかしロゴスの啓示の核心は、折々に預言者を通じて告げた自己の到来の預言である。預言の言葉はすべて、ロゴス自身の第二の誕生、すなわち受肉の予告である。その自己預言の言葉は聖書に収められている。こうして歴史の流れのなかで次々と預言者が立ち、ロゴスの地上の到来を様々に予告してきた。そして驚くべきことに、ローマ帝政期最初期のある日、預言はことごとく言葉通りに成就した、と言う。これがロゴスの受肉と呼ばれる出来事である。預言とその正確な成就を経て、ロゴスは世界内の存在となった。それをユスティノスは「全体者なるロゴス」と呼ぶのである。（以上のようなロゴスの生成過程は、神の「善」の観点から捉え直せば、善の自己展開とも呼びうるであろう。しかし今はこの面に立ち入らない。）

ロゴスは「ことば」であるという基本に立てば、以上を一種の言語論と受け取ることができる。そのひとつは預言の指示関係である。なぜ指示関係に注目するかと言えば、内発言語の自己矛盾は指示関係の問題と考えられるからである。この点で預言の言葉の特殊な性格を、内発言語の性格と比較しうるであろう。預言の言葉の指示関係は、図式化すれば次のような三項で示される。（矢印は対象の指示を表す。）

発話者（ロゴス）
＝
音声言語（預言）
↓
指示対象（ロゴスの受肉）

預言の言葉の特質は、それが言葉どおりに成就する点にある。預言どおりにロゴスは降誕し、地上の人となった。教父はこのことを強調的に語っている。前掲三項図式の上で言えば、言語あるいは記号の指示が一定の歴史事象に結び付いており、しかもそれ以外のものを指示しないということになろう。指示関係の一義性を意味する「預言どおりに（ホース）」の言い方は、著作のなかで様々な形をとっている。(9) 面白いのは、キリストの奇跡のわざを弁証するためにこの論理を応用している例である。当時キリスト教に対して浴びせられた非難のひとつは、奇跡に対するものであった。キリストが奇跡をなしえたのは、神の子であるからではなく魔術を行ったためだ、と考えてもよいのではないか。こう言って、奇跡を魔術に変えてしまおうとする意見があった［図版「キリスト教の中の魔術」］。これに対してユスティノスは、奇跡を、預言どおりに起って視覚的事実となったという点から弁護している。魔術であったなら、「預言どおりに」とは言えないのである。彼の言葉を引いておこう——、

事前に告げた預言者達の言葉が預言どおりにかつても今も成就することを、視覚によっても見ることができる

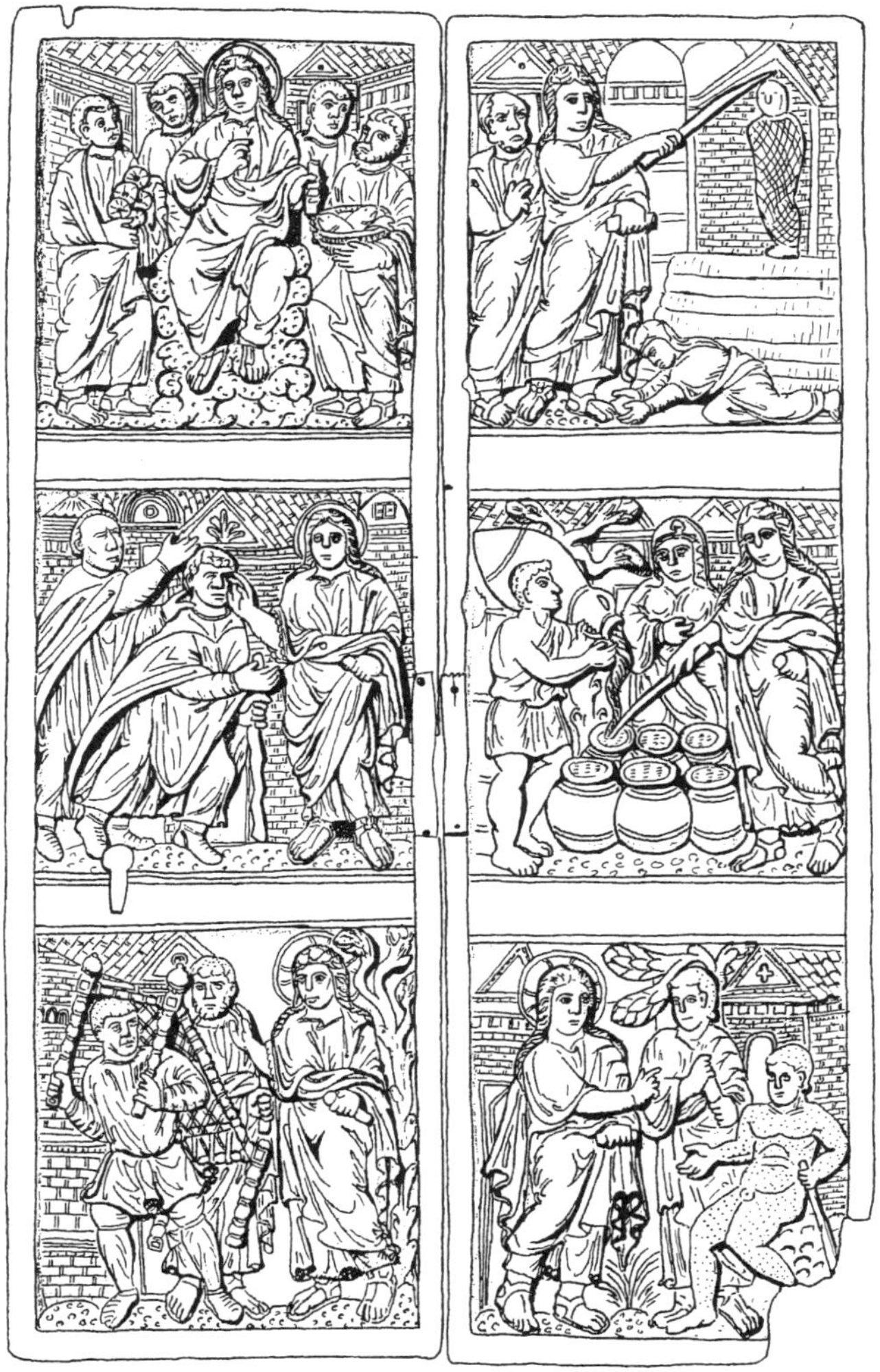

象牙に浮き彫りを施した二連版．450～460年頃の制作で，北イタリア出土．二連板は祭壇などの上に屏風のように立てて置き，教会の装飾品として用いた．この二連版には，キリストの奇蹟が6コマの場面に描かれている．右側の上段と中段には，魔杖を持つキリストが描かれている．K. Weitzmann (ed.), *Age of Spirituality*. Late Antique and Early Christian Art, Third to Seventh Century, New York, 1979, No. 450.

ので、それゆえ預言者に否応なく信頼する。（『一弁』三〇・一）

このような忠実な指示関係を示す所に、啓示言語の特質が認められる。それは取り分け預言者の言語を論じる際に、ユスティノスが注目する点である。しかし預言だけかと言えばそうでもない。ロゴスの自己展開のなかで、預言と別の一環を成す受肉のロゴス、すなわちキリストの言葉もまた同じ性質のものなのである。その言葉は、内発言語の自己矛盾の指示関係を超えている。それゆえ真に信頼できる言葉である。もっとも教父のロゴス論からすれば、預言者はみずから語ったのではなく、ロゴスが預言者を通じて語った。それと同様にロゴスは、自分自身（キリスト）を通じても未来の出来事を予告していたのである（『二弁』一〇・八）。例えばユスティノス自身の身辺に迫っているキリスト教徒の弾圧は、キリストがあらかじめ予告したとおりの事象である。そのようにキリストのすべての教えも、現実の歴史のなかで成就せずにはいないと言う（『一弁』一二・一〇）。

ここでもう一度内発言語の自己矛盾を振り返ってみよう。自己矛盾とは、同一の対象を指して「善い」とも「悪い」とも言えるような事態である。言語あるいは記号の指示が有意義に定まっていない。と言うのはその際の「善い」は、文字どおりに善いものを指しているのではなく、悪いものを指しているとも考えられるからである。このような両義的な指示関係は矛盾を抱えている。従ってここで、啓示言語の指示関係と鮮明な対照を見せるのである。この事が以上の考察から明らかとなった。（なお、これまでの考察に従うなら、両言語水準の間にはもうひとつの対照点が存在する。すなわちロゴスの言葉は、預言だという点である。言語が事象に常に先行しており、現象に追随することがない。それは日常の言語感覚からすれば異常とも思えるが、そうではない。日常の経験からも言えることだが、「善」は常に先行する。われわれは善の背後しか見ることができない。）

本節を通じてわれわれは、ユスティノスの言語論に光を当ててきた。その中心は内発言語に対する啓示言語の超越の主張であり、どういう理由で啓示言語が超越しているかの問題である。『第二弁明』の上掲テキストを主に参照してみると、彼は二つの理由にもとづいていると考えられる。その一は受肉のロゴスすなわちキリストが、世界内の規範となったこと、その二はロゴスの啓示が内発言語の「自己矛盾」の水準を越えていること、である。従って人間の内発言語は、啓示言語から遮断されている。いかなる場合にも啓示は、みずからの出自を人間の内に置かない。それは「語りえぬ者」に発する言語である――にもかかわらずそれは、人間の理解しうる言語なのであるが。こうしてわれわれは「語りえぬ者」の、言語論上の文脈を追ってきたのである。(10)

語りえぬ者

「語りえぬ者」という言い方は、「生れなき神」との対で出ることが多く、しかもその場合、語順の上で後者が先立つ。そこから両者が、論理的関係で結ばれているものと推定できる。神は生れなき者であるがゆえに、語りえぬ者なのである。このことは「言葉に語りえぬ神」の用例を掲げた際に、既に確認した。そこで残る点は、「生れなき神」「語りえぬ者」と啓示言語との、断絶及び脈絡を探求することであろう。これをわれわれの最後の課題としたい。

その方向に眼を向ける時、直ちに分かることがひとつある。「生れなき神」は、ロゴスの生成と対立する言い方であり、取り分けロゴスの受肉と対照的である。ロゴスは生れて来た者である。ロゴスは先在のロゴスとして「語りえぬ神」から生れ、さらに地上の人として誕生した。ロゴスはその生成と展開の過程において、二度の誕生を経験するのである。従ってロゴス自身もその言葉も生れて来たものとされる。生れたということ、ここに啓示言語の本質を見ることができよう。このように「生れなき神」「語りえぬ者」の主張は、啓示言語に対する超越を示し、強調している。と同時にそれは、神が生む者であること、語る者であることを教えている。動物個体のように生れかつ生むという意味での生むではなく、端的に生むのである。生れかつ生むのならば、その産出には生れに由来する何らかの影響が避けられない。生れに付随する因果を逃れることはできない。これに対し端的に生む者は、完全な自由において生む。人間のための真に自由な啓示を語るのである。それは人間に希望があるということではないか。なぜなら人間に内発するあらゆる可能性が閉ざされた時にも、閉塞状況と独立の光源から、自由な光が射し込む可能性をそれは示唆しているからである。そのような光を教父は、「恵み」とも呼んでいる（『二弁』一三・六）。

（1）『改名』七―一〇、『カインの子孫』一三―一五など多くの箇所。フィロンが神を不可知とする時、それは、神をそのあるがままの姿において捉えることが不可能だ、と言っているのである。けれども神をその働き（デュナミス）において知ることは人間にも許されている、と彼は言う。ここで神の働きとは、自然と人間にたいする神の様々な介入のことであって、世界にたいする統治と恩恵にそれが示されている。以上については、ラウス（水落訳）『キリスト教神秘思想の源流』、四七―五〇頁が詳しい。

（2）『一弁』六一・三、『対話』一二七・四。

（3）教文館版『キリスト教教父著作集1　ユスティノス』一八六―一九二頁所収「ユスティノスのロゴス論」を参照されたい。

（4）『一弁』二三・二、三二・一〇、『二弁』一〇・八など。詳しくは、本書三章2節を参照されたい。

（5）ユスティノスのロゴス・スペルマティコスをヘレニズム・ローマ期の哲学潮流のなかで検討する試みとしては、Holte, Logos Spermatikos が詳しい。

(6) 教文館版『キリスト教教父著作集1 ユスティノス』所収の「『第一弁明』『第二弁明』解説」、一八八頁に用例箇所が挙がっている。
(7)「重要な問題については……」の句は、アテーナイの指導者達に対してソクラテスの与えた評価を思い出させる。『ソクラテスの弁明』参照。
(8) 本書第一章3節「イデア論の継承」を参照されたい。
(9)『一弁』一二・一〇、三〇・一、三二・二、五二・一、五三・二、『対話』七・二など。
(10) 以上について一言だけ補足したいと思う。これまでの考察は、内発言語に対する啓示言語の超越性に視野を限定してきた。しかし内発言語への接続と、言語の癒しの面もある。哲学の思索は啓示に接ぎ木されて、真の実りをもたらすと、ユスティノスは考えている。この面も重要な課題となるが、本節の範囲を超えており、ここでは割愛せざるをえない。

第三章　受肉の哲学――全体知と部分知

前章においてはユスティノスの預言者像を取り上げて、若干の考察を試みた。すなわち予型行為や預言の言葉に注目し、教父の解釈がそこでどのように展開するのかを、見極めようとしてきた。こうして彼の解釈がキリスト論を包摂しつつ、神論へと向う方位を伴うものであることを確認したのであった。しかもわれわれの見てきた通り、それは、ロゴス論の介在する解釈であることも明らかであった。予型や預言の舞台では、先在のロゴスがその主役だからである。ロゴスが自身の到来を予徴し予告する、その活動の内に教父は、哲学的な含蓄を洞察するのである。教父の聖書解釈は、そのようなロゴス論に沿って展開するものであった。

これを承けて本章では、ロゴス自身に探求の光を当てたい。ロゴスとは何かという問題を、可能な方法で、また可能な限りで探求することにしよう。ロゴスの働きを視野に収めつつ、ロゴスの全体像を描く企図に、一歩を踏み出すのである。これまでも折々に触れてきたロゴスの全体知のテーマが、ここで本格的に主題化するであろう。そうした研究場面の中央に立つものは、言うまでもなく受肉のロゴス、あるいは地上のロゴス・キリストである。

ロゴスの全体知を目指すのであれば、同時に部分知を分別することが求められる。ロゴスの全体知と部分知を識別するために、教父は、ソクラテスとキリストとの対比を用いている。われわれは先ずその対比に注意したい。対比の内実を問うことによって、何らかのことが解明されるはずである（第1節）。

ロゴスの全体性に関わるもうひとつの論点は、ロゴスの働きあるいは力動性である。ロゴスは永遠かつ不可視の位相に留まるのではなく、時間性を負った可視的な現象世界に自己を展相する。そのような自己展開性を、教父は〝デュナミス〟という語によって表明している。実際ロゴスとデュナミスの連帯を示す言葉遣いは、著作中に多く見られるのである。そこで両者の関わりをどのように理解すべきかが、ロゴスの全体性の観点からして、避けられぬ問題となってくるわけである（第2節）。

1　「ソクラテスはキリスト教徒であった」という言葉の二面性(1)

古代キリスト教知識人特にギリシア教父達の間には、ソクラテスとキリストの親近性を唱える流れが存在した。A・フォン・ハルナックの「ソクラテスと古代教会」以来、一部の研究者は、この事実に注目している(2)。両者は罪なくして極刑に処せられた、苦難の義人像のもとで重ね合わされたのである。こういう例がある——、キリストの受難は、プラトンが『国家』篇でソクラテスの口から語らせた、最高の正義を体現しながら最大の虐待によって試みられる人のそれと通じると。この点を指摘した最初の人は、アレクサンドリアのクレメンスであった。さらに、ミラノの勅令以前のキリスト教徒達にとっては、そのような苦難の義人像が自分達の現状すなわち迫害下の情況とも通じ合っていた。古代キリスト教徒は、迫害下の苦難を共にするという発想から、ソクラテスへの親近感を表明していたのである。前述のクレメンスに加えて、アテナイのアテナゴラス、ユスティノス、サルディスのメリト達は、ソクラテスとキリスト、あるいはキリスト教徒をこうした動機から結び付け、両者の類比を強調することによって、ヘレニズム・ローマ文化に対する弁明の方途としたのであった。自分たちは、文化的にソクラテスの子孫である、と言うのである。わけてもユスティノスは、「ソクラテスはキリスト教徒であった」という際立ったテーゼによって、ローマ帝国内の知識人と上層権力に対し、キリスト教が文化的に正統な後継者であることを主張したのであった。

ユスティノスという人はギリシア語の教養のなかで教育を受け、青年時代には様々な哲学派を遍歴したと自ら語っている。哲学遍歴というモチーフが当時の著作家達の間である程度常套的に用いられていたことを考慮すれば、彼の遍歴を歴史的なものと受け取ることには確かに疑問の余地もあろうが、少くとも、その時期に彼がプラトン主義に傾倒していたという点は疑い得ない。そしてキリスト教との決定的な出会いを経た後も、彼がプラトンへの敬慕を抱き続けていたことは、著作に遺された言葉から明らかである。したがってこの教父がギリシア・ローマ文化にたいして寛容な評価を与えたことは、その経歴に照らしてみても自然な態度であったと言えよう。ソクラテスに限らずプラトン、ヘラクレイトス、ストア派、詩人、著作家その他の文人達にたいし、彼が多かれ少なかれ好意的であったという印象は、その言葉の様々な文脈のなかに確認することができる。さらにソクラテスとプラトンの位置がひときわ高いという印象も、読者が等しく感じるものであろう。したがって彼が「すべての人には真理の種子がある」(『一弁』四四・一〇)と言明する場合でも、彼の普遍主義的な傾向の中心にあるのは、やはりギリシア・ローマ文化への愛好であったことは疑い得ない。

とはいえギリシア・ローマ文化にたいする彼の評価を、この一面でだけ受け取るならば、それもまた偏った理解ということになるのである。その好意的な評価の反面で、ほとんどの場合に、それが限定付きの評価であるという注意を書き添えているからである。そう言う際の彼の言葉は、当然のことながら、ギリシア哲学にたいする批判的言辞を含んでいる。アレクサンドリアのフィロンもそうだが、教父は、ギリシア哲学はモーセの教えを模倣したのだという、いわゆるギリシア哲学の模倣説を唱えている。(3) これはギリシア哲学を批判したというより評価したというべきかもしれないが、モーセの教えにたいしてギリシア哲学を格下げする意図も含んでいるのである。ギリシア哲学の陣営からすれば、モーセの模倣などという考え方は歴史的な歪曲であり、また思想内容の点でも牽強付会の独断と映るに相違ないが、ここではそうした問題に深入りせずに、ただこの説にも文化受容史上の意義を認めることはできる、としておこう。次にまた当時の風刺作家ルキアノスと同様、ギリシア哲学学派間の相互矛盾を指摘することによって、ギリシア哲学が不完全な面を残しているという批判も見られる。これは先の哲学遍歴と関連したモチーフであったらしく、様々な哲学学派を遍歴したがその教えに相互矛盾があることを知って哲学を卒業した、というような結末になっていることが多い。ギリシア哲学に対するこれらの評価は、どれも当時の著作家において類例が認められる。しかし教父の批判は、その水準からさらに一段強まっている。それはギリシアの哲学者がロゴスの部分的な知識しかもっていなかった、という見解に見られるものである。(4) ソクラテスやプラトンすらもその水準を越えていないと言う。そこにはユスティノス独自の考察が働いているのであろうか。およそ以上のような背景のなかで、「ソクラテスはキリスト教徒であった」というテーゼも取り扱わねばなるまい。その反映として、このテーゼの二面性も発生している。

ここからしばらくユスティノスのソクラテス像を研究してみよう。著作のなかで教父の描くソクラテスは、一言で述べれば、ロゴスに従って生きた人である。つまりソクラテスは、教父のロゴス・キリスト論の地平に配置されている。では「ロゴス・キリストに従って生きた」とは、どのような生き方を指しているのであろうか。この言葉は二様の意味を含んでいる。あるいは、二つの面から意味が規定されている。すなわちソクラテスは、ロゴスに従った限りでロゴス・キリストを知っているという面、これがひとつである。次にソクラテスは、未だロゴスの受肉を知らなかったのだから、ロゴス・キリストを十分には知らないという面、これがもうひとつである。こうしてソクラテスは、ロゴス・キリストにたいする類同と差異の両面を具えていた、ということになる。ユスティノスの描くソクラテス像には、こういう二面が具わっているのである。こうして本節の目的は、この二面の具体相を、教父の著作に依拠して描き出し、さらにそこからロゴスの受肉という基本的なテーマに、哲学的な考察の眼を向けることである。そこではロゴスをその全体性において知るという、全体知の問題を取り上げることとなろう。

ソクラテスとキリスト——類同の面で

ユスティノスの著作に即して、先ずソクラテスとキリストの類同の面から見てゆこう。その面ではソクラテスが、主として次の二つの文脈に登場する。

(一) ソクラテスの迫害

ソクラテスはロゴスによって事物を洞察し、正しく論証しようとしたために迫害された、という文脈（『一弁』五・三、四、四六・三、『二弁』一〇・五）。ここには迫害という点でソクラテスとキリスト教徒の並行性を打ち出す意図があり、ソクラテスと同様ロゴス・キリストに従うがゆえに、キリスト教徒も不当な処罰を受けているとの現状判断につながっている。キリスト教徒もまた、国家の神々を信じず新しい鬼神を持ち込んでいる、という罪状書きを負わされているのである。

（二）ソクラテスはキリスト教徒であった

ソクラテスはロゴスに与って生活したのであるから、キリスト教徒であるという文脈。ソクラテスとキリストの親近性を示す言葉はユスティノスの著作中に二度見える。次にそのひとつを取り上げてみよう――、

ですからロゴスに与って生活した人々は（ホイ・メタ・ログゥ・ビオーサンテス）、たとえ無神論者と見なされた場合でも、キリスト教徒なのです。例えば、ギリシア人のなかではソクラテス、ヘラクレイトスおよび同傾向の人々。また夷人のなかではアブラハム、ハナニヤ、アザリヤ、ミシャエル、エリヤその他多くの人々がそうです。彼らの業績と名前を数え上げるのは非常な手間と考えますので、今は控えます。かくして、キリスト以前に生れた者達も、ロゴスなしに生活した者は善からぬ者、キリストに敵対する者であり、ロゴスに与って生活する者の殺害者であったのです。これに対し、ロゴスに与って生活をした者、また、している者はキリスト教徒であって、恐れもなく平静を乱すこともないのです。(5)（『一弁』四六・三―四）

著者はここで、キリスト以前のキリスト教徒が存在したことを語っている。キリスト以前のキリスト教徒とは、ギリシアの哲人達と旧約の偉人達である。その先頭にソクラテスの名が挙がっており、また旧約の偉人としてはアブラハムが代表とされる。したがってここではギリシア哲学の人々と、旧約の族長や預言者達とが何らかの連続性を持つものとされ、さらにその線はロゴス・キリストにつながっている。言い換えればロゴスの歴史的展開

という主軸の上にギリシア哲学も旧約の偉人達もキリストも配置する、という考えがこの文章の暗黙の前提となっているのである。そこでソクラテスとキリストの親縁性を保証するロゴスという言葉に着目して、その親縁性がいかなる内容のものであるのか、少し考察してみよう。

引用の文章に見える「ロゴス」の語は、こう受け取ってよいであろう。すなわち「ロゴスなしに生活した者は善からぬ者、キリストに敵対する者」の文章から考えて、善悪の判断基準あるいは価値規範、価値理念を意味するようである。教父がそうした意味でロゴスという言葉を用いている例は別の言葉にも見られるので、それを参照しておく――「しかし〝正理〟（オルトス・ロゴス）なるかたは、その来臨の時に、あらゆる意見あらゆる教えが正しいわけではなく、あるものは悪であり、あるものは善であることを証示しました。」（『二弁』九・四）このように教父はロゴスを善悪の判断基準として理解しているのであって、そういう判断基準を見失っている人間は「善からぬ者」ということになるのである。ではソクラテスの生涯は、どういう評価になるのか。彼は「ロゴスに与って生活した」、と教父は語っている。すなわちソクラテスは、ロゴス自身ではない。しかしロゴスの判断基準に従って生きようと、誠実に努力した人なのである。ロゴスへのそういう関わり方を、教父は、「ソクラテスも部分的には知っていたキリスト」（『二弁』一〇・八）という言葉で表明している――因みにこれが、ソクラテスとキリストの親近性を示す第二の句である。

ソクラテスとキリスト――差異の面で

先に見たユスティノスの言葉には、「ロゴスに与って」という句があった。この句の意味はこれまでの理解に従えば、善悪の基準に従って、あるいは善悪の基準を身に具えて、ということであった。その上でしかし、ギリシアの哲人とキリスト教徒とは、同等にロゴスに与るのではない、と教父は言う。ロゴスに与る度合いには強弱の差がある、いやむしろ断絶があると、彼は考えている。それは次の言葉が示すように、全体と部分との間にある断絶である。ギリシアの哲人達はロゴスの部分に与ったが、ロゴスの全体に与ることはできなかったと――、

こういうわけで私共の教えは、確かにあらゆる人間的な教説よりも偉大であると思います。その理由は、全体者なるロゴスが、私共のために出現したキリストとして生れ、身体とロゴスと魂とになったからです。「全体」というのはこういう意味です。何時の時代にも、愛知者や立法家達が語り、見出してきた良質なものがありますが、これはすべてロゴスの部分による発見と観照を通じて得られた努力の結果なのです。しかし彼らは、ロゴスについての全体すなわちキリストの知識をえていなかったので、その言葉はしばしば自己矛盾に陥ることもあったのです。(『二弁』一〇・一―三)

ここには「全体者なるロゴス」と「ロゴスの部分」との鋭い対照が語られている。全体と部分の相違は、要するに、ギリシアの哲人達がロゴスの受肉を知らないという点に求められる。全体者なるロゴスは「私共のために出現したキリスト」を抜きにしては語りえないからである。だが教父はなぜ受肉において、ロゴスの全体性を見ているのであろうか。またそもそも全体とは何であり、部分とは何であると言っているのであろうか。全体と部分は哲学の根本問題であり、難問でもあるわけだが、その問いを、ここで引き受けることになるのである。もちろん完璧な解答を目指そうというのではない。当面は限定した形で、この問いを取り上げようと思う。すなわち全体と部分を知る知識があるとすれば、その知識はいかなる性格を示すのであろうか。理論知、経験知、実証知、

反省知など、知識には様々なタイプがある。そうした類型に当てはまるかどうかはともかくとして、全体と部分を知る知識がどんな特徴を持っているのか、それを問うているのである。したがってわれわれは、ロゴスの全体や部分に眼を向けると言うより、その知識に眼を留めて、考察を進めることとなる。

先ず「部分知」から取り上げよう。部分知のモデルとして想定すべきものは、ストア派の自然学とその強い影響下にあった中期プラトン主義哲学である(6)。ユスティノスの著作中に両学派にたいする言及が目立っていることを考慮すれば、この想定は相当の現実性を持ったものと言えよう。とすると教父が、「ソクラテス」の名を挙げて部分知の水準に配置する時にも、中期プラトン学徒の抱いていたソクラテス像を抜きにしては、その名辞を正しく理解することができない、ということである。ただ現存する著作の限りでは、ユスティノスは、「ソクラテス」やギリシアの哲人達の思想については、あまり多くを語っていない。したがってそこに詳しい説明を加えることはやや困難である。しかし不可能と言うのではない。いくつかの示唆は得られるからである。そうした言葉を拾ってみると、彼の評価は次の点に要約できるようである。すなわちギリシアの哲人達は人間の言葉を用いて最善の努力をしたが、優れた成果を生んだ反面、その言葉は重要な問題において自己矛盾に陥ることがあった、と。この点は後に引用を掲げる。

「全体知」は、彼岸から発出する知識である。ユスティノスに倣って言えば、そのような知識は、神あるいは至高善から発出する。その知識は啓示を通じて人間に、あるいは人間社会に差し込む光に喩えることができる。それは光を待ち望む者が直観や体験、あるいは探求を通じて享受するもの、と言ってもよかろう。「えも言われぬ美しさ」と言うように、言葉にし難い知識である。そのように神は「語りえぬ者」なのだと、ユスティノスは言う。ただ教父は、預言を論じ、予型を論じ、受肉を語りつつ、「語りえぬ者」から差し込む光を指差そうとする。彼は指差すことに全力を傾注しており、多くの言葉を費やして、われわれの注意を光に向けようとしているのである。それはすべて、光の源へと遡行する動きを促すものと言えよう。が、究極的に光源を目指すというのは、われわれが地上を離れて飛び立つということではない。そうではなく、地上の生において、すなわち人間の抱きうる知識において、神の光の反映を放つに過ぎないのである。われわれが問題とするのも、その意味での全体知だということを、ここで確認しておきたい。それは地上性を帯びた知識であり、有限な人間に達しうる限りでの知識なのである。

「全体」を知る知識がたとえ一時であれ人間に与えられているとすれば、それはどのような種類の知であろうか。これが今われわれの考えている問題である。考察の糸口を探り出すために、ここでひとつの進路を選択する。こういう進路である――、ユスティノスの言葉のなかに、この問題に直接触れるような、何らかの教示が見られないだろうか。ここから、そういう方針でテキストを探索してみよう。

われわれが最初に出会うテキストは、『第二弁明』の一段落である。そこで著者ユスティノスは、ソクラテスとキリストを対比している。すなわちソクラテスとキリストの差異を、知識の部分性と全体性の差異として語っている。こうして、ソクラテスはロゴスの部分しか知っていなかったと、断定するのである。したがってこの箇所を取り上げることにより、全体知と部分知に関する何らかの示唆が得られるものと思われる。あらかじめ、教父の言葉を引用しておこう――、

ソクラテスを信じて、この人の教えのために死に至ったほどの者はおりません。これに比すれば、ソクラテスも部分的には知っていたキリスト（と申しますのもこのかたはかつても今も万人の内にあるロゴスであり、

予言者達を通じても、また――私共人間と同じ感性を負う者となり、教えを授けることにおいて――自分自身を通じても、未来の出来事を予告していたからです）の場合、愛知者や学者ばかりか、手職人やまったく教養のない人々までもこのかたを信じ、栄誉も恐怖も死も取るに足らずとしたのです。要するにこのかたは、言葉で言い表すことのできない御父の力であって、人間的制約を負ったロゴスの産物などではないのです。（『二弁』一〇・八）

「手職人やまったく教養のない人々までもこのかたを信じ」……教会史の研究がこれまでに明らかにしたとおり、古代キリスト教の信仰は、圧倒的にローマ社会の大衆層に浸透していたことは事実である。そのような社会層を構成する人々は識字率が低く、弁論術とは無縁の生活を送り、ましてや書物によって知識を獲得したり、書物の形で知識を生産するようなことはなかった。教育水準の面から見ても低い教養しか備えていなかった。そしてほとんどの場合、肉体労働に従事していた。そのなかには奴隷身分の人々も数多く含まれていたのである。そのような背景のなかでユスティノスは、「手職人やまったく教養のない人々」が愛知者や学者と比肩しうる知恵に達していたと、敢えて言明している。それも一度だけではない。他の機会にも教父はこの点を強調している。例えば十二使徒は「無教養で、弁舌にも不自由な様であった」が（『一弁』三九・三）、神の力を得て万人に神の言葉を教えるべく全世界に出て行ったのであるし、また、当時教父の身辺で生活していたキリスト教徒の間では、「アルファベットの文字さえ知らない者、すなわち弁舌の点では無教養不作法でも、知性において知恵を有し信仰深い者」（同六〇・一一）が、ギリシアの哲人達と対等の知恵を有していたことを指摘している。ユスティノスがこのような人々の内に認めていた知恵は何であろうか。言語や記号によって構築されるような知識であろうか。

それは考え難い。にもかかわらずこの人々の側に、ロゴスの全体性を配置しているのである。とすればその知恵は何であろうか。それに答えるかのように教父は言う。「言葉で言い表すことのできない御父の力」、そこにロゴスの全てがあると。「力」は教父の言葉のなかに頻出する用語である。教父のロゴス論を理解する上でも重要な位置を占める。「力」という語が、ロゴスの全体知を探求する導きの糸となる。と言うのもロゴスは様々な相貌を見せるが、その全てが神の力に発しているという点において、教父の言葉には微かな迷いも無いからである。(7) 言語論的なロゴスも、宇宙論的なロゴスも、倫理的なロゴスも、神の力から発する分光に喩えて理解しうる。こうして「力」は、ユスティノスのロゴス・キリスト論の内奥に迫るテーマとなる。ただしそのテーマをここで取り上げようとすれば、われわれの論考は全体の均整を失うことになるかもしれぬ。それほどに重いテーマである。したがって今は、「神の力」がロゴスの全貌を示唆する語であるという点、それを指摘することで満足し、それについての考察は次節に委ねることとしたい。

「人間的制約を負ったロゴスの産物」……引用の文章を見れば分かるように、この句は「言葉で言い表すことのできない御父の力」と対照を作っている。「言葉で言い表すことのできない」者とは、人間の側から発する一切の言葉や思考によっては捉えることのできない神を意味している。したがって神が人間に知られることがあるとすれば、それはただ神の側から人間に向かって言葉が語りかけられ、働きが示される時以外にない。すなわち「御父の力」が一方向的に、恵みとして人間に与えられる場合しかない。したがって人間にそれを知る機会があるとすれば、ただ受け取る、という動作を通じて知るのである。そのような神の力の最大の顕現は、受肉のロゴスすなわちキリストであると教父は言う。だからロゴスの受肉を知らないギリシアの哲人達とキリスト教徒とは、明確に区別されるのである。では、ソクラテスが従ったとされる「人間的制約を負ったロゴス」とは何を言うのであろうか。著者はそれを次のように説明している。「キリストより以前に世にあった人々も、人間性の制約内でではあるが、ロゴスによって事物を洞察し論証しようと努めた」(『二弁』一〇・四)。この並行句によって知られるように、音声や文字による言語的思考を念頭に置いており、そこで用いられる言葉ということであろう。「人間的制約」という表現は、人間的努力の限界という意味合いを強く含んでいる。それは、人間がどの時代にもこの世の所与の知識から出発し、所与の基準に従って判断を下す、あの自閉的な思考の習性から、哲学者もまた抜け出せずにいる、そういう情況を指しているのであろう。そこから得られる成果はロゴスの部分的知識の水準に留まるものだと、教父は評している。ストア派の言語論や中期プラトン主義のイデア論を背景に置くことによって、この評価はよりよく理解されるはずである。

ロゴスを全体性の相において知る知識はどのような特徴を有するのか。それをユスティノスの言葉に即して考えてきた。この方向でさらに調査を進めてみたい。次に掲げる教父の言葉は、彼の言う全体知がキリストの身体性に関わるという、注目すべき内容を伝えるものである。その言葉はロゴス論を背景にして、ロゴスの部分に立脚するギリシア・ローマ文化に対して、全体者なるロゴス、すなわちキリストの知識を有するキリスト教の優位を主張するものである――、

こういうわけで私共の教えは、確かにあらゆる人間的な教説よりも偉大であると思います。その理由は、全体者なるロゴスが、私共のために出現したキリストとして生れ、身体とロゴスと魂とになったからです。

(『二弁』一〇・一)

「全体者なるロゴス」という言葉は、（ユスティノスの言う）ギリシアの哲人達の依拠した、「ロゴスの部分」（一〇・二）と対照をなしている。そして全体者というのは、「私共のために出現したキリスト」のことである。そのことは「ロゴスについての全体すなわちキリスト」（一〇・三）という表現についても同様に確認することができる。そこで、キリストとは何かという問題が新たに発生してくるのである。教父はここでどのようにキリストを語ろうとしたのであろうか。彼はこう言っている。後世のカルケドン論争を思わせる言葉遣いで、「身体とロゴスと魂とになった」者、それがキリストであると。では、しばらくこの句に注意を集中してみよう。

「身体とロゴスと魂とになった」……この言葉の主語はロゴスなのである。そのためにこの文章に何か不自然なものを感じた訳者達は、この文章を取り違えて「身体と理性（ロゴス）と魂」と訳している。しかしそのように訳すならば、著者の真意を損ねることになる。と言うのも「身体と理性と魂」という訳文は、受肉におけるロゴスの自己同一性を保証していないからである。それは単にロゴスが人間になったという内容しか表しておらず、ロゴスがロゴスのままで人間に宿ったという主張が消退している。ロゴスがその内実をいささかも失うことなく、そのままで「人間と同じ感性を負う者」（一〇・八）となること、それが教父の述べるキリストの出現に他ならない[8]。したがってこの文章は、こうも言い換えられよう。すなわち、ロゴスが人間としてのロゴスになった、と。この文章に異質なものを感じ取る人も無くはないであろう。それは日常語られるような文ではないからである。だがプラトン哲学の教育を経ている教父は、ここでいわゆるイデアの分有説に従っている。と言っても、ロゴス論とイデア論を無反省に混同するつもりはない。むしろこう言いたいのである。教父のロゴス論にイデア論の反映が認められることは否定できない、と。この文脈においてもプラトンのイデア論を念頭に置いてみると、ロゴスが〈ロゴス〉になったということの意味合いがよりよく分かる。例えば野に咲く美しい花を見て「この花は美のイデアを分有している」と、分有説は教える。それは美がこの美しい花に宿っていると言っても同じことである。したがってまた、美が〈美〉になったとも言い換えられる。(9) 以上のようにロゴス論とイデア論の並行が見られるのであるが、両者の違いもまた存在する。美しい花の例で、美が〈美〉になったと言う時、美と〈美〉は同一ではない。ロゴスが〈ロゴス〉になる場合のように同一性を保たないのである。なぜなら美のイデアは、美しい花にたいして超越しており、両者の間には、全体と部分の差異があるから。つまり「分有」という言葉が示すように、美しい花は、美のイデアの部分的反映に過ぎないのである。ただしそれは、美のイデアが分割されて花に宿るということではない。そうではなく、ロゴスの部分知を人間が宿すように、花も、イデアの部分的反映をその身から発するのである。（なお、プラトンの分有説については、地上的範型すなわち〝パラディグマ〟として分有が語られる場合——特異な分有——があり、これは根本的な意義を持っている。しかしここでは、美しい花のような、一般的な分有に話を限定する。）

ロゴス論とイデア論の相違点は、「身体とロゴスと魂」という言葉にも語られているようである。ロゴスは人間の魂に宿るのではなくして、身体と魂に宿ると言っている。この点が重要である。ここには身体性の強調が認められ、これはプラトンと異なっているのではなかろうか。プラトンが人間におけるイデアの分有を語る時には、魂の分有という考え方が強く出てくる。例えば『国家』篇の第六巻にこういう文章がある。哲人教育を経て哲人王の理想を体現する人の魂を、「やがて十分かつ完全に有に与るべき魂」（四八六E）だと言うのである。この文脈では「有」は「個々の有のイデア」と言われていることからして、ここに引いた文章が魂の分有を語っていることは明らかである。この例に限らず『国家』篇のイデア論は、哲人教育の過程にある者の魂が、「善そのもの」に与ることを目標としている。それはソクラテスの唱える、魂への顧みの勧告に発するものである。このような分有説と比較する時に、身体と魂とがロゴスを宿すという主張は、少くとも表現上、はっきり異なっている。確かにプラトンにおいて「魂」とは何か、という問題が答えられぬ限り、目下の表現の違いがどれだけの重みを持つものか、性急に判断を下すことはできない。それはそうであろう。だが、ロゴスの受肉における身体のモメントには、ひときわ強い響きがある。そのようなロゴスの受肉は、キリストという特殊な人間に限られたことである。とはいえキリストが地上の生を送った、ということの意味は大きい。と言うのも、キリストを範型としてわれわれ普通の人間も、身体と魂にロゴスを映す、その可能性が開けてくるからである。それはわれわれの魂に映すということではなく、身体と魂に映すという身体性の強調を伴っている。われわれにとって、ロゴスの全体知がどのようなものか、その一端がここで見えて来るのである。したがって「身体とロゴスと魂」という一句は、ロゴス論の個性を示しつつ、人間にとっての全体知を示すものと言えよう(10)。

以上のテキスト研究によって、全体知と部分知の示す特徴を見てきた。われわれはそれを教父の言葉に即して拾い集めてきたのである。これを素材として、これまでの研究を整理することができる。すなわち三つの視点から、素材を配列し直してみようと思うのである。三つの点とは、(一)全体知を映す人々として教父が挙げているのは、どのような身分の人々か。(二)全体知が知識の対象とするものは何か。(三)全体知が地上の知識となるのはどのようにしてか。この三点からユスティノスの言葉を振り返ってみよう——、

(一)全体知を宿していると教父の述べる人々は、「愛知者や学者ばかりか、手職人やまったく教養のない人々」であった。部分知の水準に留まるとされたギリシアの哲人文人達と比較してみると、この言葉にある、職人や無教養な人々という指摘は誰しも注目する所であろう。しかも教父は十二使徒も無教養な人々であったと主張し、さらにその当時の信徒達についても同様の記述を残しているのであった。さて全体知を宿す人々と部分知に

留まった人々との間には、もうひとつの相違がある。全体知を有する人々は、キリストを信じる信仰の実として殉教の死を恐れない。彼らは「栄誉も恐怖も死も取るに足らず」とするのである。これに対し「ソクラテスを信じて、この人の教えのために死に至ったほどの者」はいない、と教父は言明する（『二弁』一〇・八）。

（二）全体知の目指す対象は、「（人間の内発的な）言葉では言い表すことのできない御父の力」（『二弁』一〇・八）すなわちキリストであるが、厳密な言い方をすれば、「言葉では言い表すことのできない御父」がそれであるということになろう。これに対し部分知は、（人間の内発的な）音声や文字による言語的思考の産物である（『二弁』一〇・四）。そこには人間の側から試みる努力の限界が付きまとっており、そういう知識自体が内部に矛盾を抱えているという点に、それが見て取れるのである。部分知の例としてはストア派の自然学が推定できる。そこでは自然界の現象を言葉で記述することに始まって、自然現象を理論的に把握しようとする努力が方法化されている。

（三）全体知はどのようにして、地上を歩む人間の間に宿るのであろうか。この問題について教父は、二つの側面で説明しているようである。先ず、神的な全体知がわれわれに「恵み」として与えられる、という説明が見られる。つまりロゴスの受肉は人間に与えられた神の恵みである、ということ。またそれに伴って、受肉を予告する預言や、予徴する予型も恵みである、と。そうであるとすれば、地上に在る人はその恵みを受け取るか、それとも無視するかである。つまりわれわれにとって、それは享受する知識なのである。あるいは、知恵の授かりと言っても良いのであろう。この享受する知識は、人間の努力によって把握し、それを利用して、別の目的を果たそうとする場合の知識と対照をなす。次に、ロゴスが身体と魂に宿る（『二弁』一〇・一）ことによって地上化する、という面がある。既に指摘したとおり、この言葉には身体性の強調が込められている。

ロゴスの全体知には、右に書き出したような特徴が認められる。だが、そこから何を言いうるのであろうか。特徴を列挙してきたのだが、まだひとつの像を結んではいないようなのである。またひとつの像を結ぶかどうかも、明らかではないのである。と言うのも、「手職人やまったく教養のない人々」の知識をどう考えれば良いのか、また全体知との関連で身体をどう理解すべきか、の問題が少しも片付いていないからである。それについて、ユスティノスは何も語っていないのであろうか。今そこを問うてみたいと思う。

そういう視点から見直してみると、『トリュフォンとの対話』序文にひとつの示唆が見られるようである。その一節で教父は、プラトン主義の一学派に身を寄せていた青年時代の経験を綴っている。哲学青年ユスティノスは、プラトン主義の教えに満足と安らぎを覚え、「神の知識」に達する日がいつか訪れることを待ち望んでいた。そんなある日、いつものように海辺の近くの静かな場所に足を運び、そこで瞑想の時間を過ごすつもりでいたのである。その時、見知らぬ老人が現れ、二人は挨拶を交わすこととなる。そこから始まる青年と老人の対話は、「哲学とは何か」を主題として展開し、青年の信奉してきた教えはことごとく批判を浴びることとなる。結局ユスティノスは、この海辺の対話を経て、真の哲学であるキリスト教への回心に導かれた、述べている。『トリュフォンとの対話』序文は、およそこのような経過を記しているのであるが、そこには知識論をめぐる段落があって、それが目下の問題につながってくると思われる。われわれもしばらく足を止めて、青年に語った老人の教えに耳を傾けてみよう。

老人の語る知識論は、知識を二つに大別するところから始まっている。そのひとつは学習によって学ばれる技術知や科学知であり、いわば教科書風の類型的な知識である。(11) これにたいし老人が強調するのは、見ることに由来する知識である。それは神や人を知る知識であるともされ、あるがままに神人を知ることを目標とするものである。あるがままにという点で、前述の類型的知識とは区別される。見ることに由来する知識は、恐らく、受肉のロゴスの可視的な身体を念頭に置いて、そこからあるがままに神を知ることを、究極の目標としているのであろう。そのような知識を説明し、青年の理解を助けるために、老人はインドに住むという珍獣を例に引く――、

ある種の学知（エピステーメー）は、学習または習熟によってわれわれのものとなるのに対し、ある種ののが知識（エピステーメー）をもたらすのは、見ることに由来しているからである。誰かが君にこう言ったとしよう。インドにはある動物がいて、それは他に類を見ない相貌をしているのだ。しかしそれはこれこれの種類であって、多様な外観と多彩な色を有している、と。だがそう言われても君は、その動物を見るまでは知っていることにはならないし、動物についての何の説明の言葉も語りえないであろう。見た人から聞いているのであれば別だが。（『対話』三・六）

『トリュフォンとの対話』序文で展開する老人の教えは、内容上、この点から出発する。その教えの中核は、次のように解釈し得るであろう――、キリストすなわち受肉のロゴスを見る時、他の人とは異なる外見をもった、一個の人間を見ている。「他に類を見ない相貌」の人間を見ているのである。がそれは、外見上他と異なるというだけの個性かもしれない。それだけでは、あるがままに知ったことにはならない。彼の特異な相貌が荷っている、意味の奥行きを知るまでは、まだ知ったとは言えない。あるがままにその人を知ろうとすれば、意味の奥行きにあるもの、つまり比類なき神の力に眼を向けなければならない。こうして神の力の探求が始まる。そこで老人が提唱するのは、ロゴスの受肉を予告する、預言者の研究なのである。[12] と言うのも預言は、神の力の、比類な

き大きさを教えているからに他ならない。受肉のロゴス・キリストを見るとは、預言の成就として受肉した者を見るということであり、その視覚から出発して、語りえぬ神の力へと向かうこと、そこに探求がある。そしてそのようにあるがままに神を知ろうとする探求は、捨象を伴って生れてくる類型的知識と鋭い対照を見せるのである。したがって見ることに由来する知識は、上述のロゴスの全体知を、別の仕方で語るものと言えよう。

しかしながらこの結論に対しても、なお疑義が生じないわけではない。確かにユスティノスや当時のキリスト教知識人にとっては、受肉のロゴスを見ることから出発して、受肉において成就した預言の言葉に考察を向け、そこにおいて、神の純粋な力を発見するという道筋は、魅力ある方法であったことだろう。事実ユスティノスが多くの言葉を割いて解釈している預言や予型は、そうした探求の方位を抜きにしては無意味なものとなったはずである。こうして、ロゴスの全体知を目指すことと、受肉における身体性の強調とが、ひとつの方法によって結ばれたことになろう。けれどもここには、矢張りひとつの疑問が残る。ロゴスの全体知を映す人々の一部に、無教養な手職人、労働者が含まれていた。そのことはユスティノス自身が証言している。とすると、こういう疑問が生れるのではなかろうか。アルファベットの文字さえ知らない、まして雄弁術などとは無縁の人々は、果たしてそのような思弁的な探求の道筋を歩んだであろうか。受肉のロゴスから出発して預言や予型の解釈に向かい、究極的には神論の探求を目指す言葉が、彼の著作のほとんど全面を覆っている。そこにあるのは、受肉せる言葉・預言の言葉・言葉に語りえぬ者を結ぶ、言語哲学的な構想である。かの人々は、そうした探求の道を歩んだのであろうか。断定することは難しい。しかしもしそうではなかったとするならば、どう考えるのか。もし教父がこの点についての十分な説明を与えてはいないとするならば、残された道はひとつであろう。すなわちわれわれの側から教父に向かって、何らかの提案を投げかけることである。

教父に問うこと

例えば肉体労働を通じて、「身体で覚える」と言われるような知識がある。それは無名の人々が、無意識の営為を続けるうちに、自ずと生れてくる生活の文化である。日本の民俗学が対象とするような知識は、多くこのタイプのものである。その知識は何世代もの長い年月をかけて蓄積し、経験の積み重ねを経て検証される。しかし文字を使って記録するようなことは稀である。ユスティノスの言う「手職人やまったく教養のない人々」や、「アルファベットの文字さえ知らない者、すなわち弁舌の点では無教養不作法な者」という言い方は、むしろ農民や職人の文化と馴染みがよいようにも思われるのである。それにキリストの身体性の強調は、右に述べた生活文化に照らして解釈しうるかもしれない。だが、ユスティノス自身はその面での言葉を遺していないようである。ただ、そのような照合を敢えて試みることによって、何かが見えてくるかもしれない。たとえ唐突に見えても、たじろいではならないと思う。

既に教父の言葉において確認したように、彼はロゴスの受肉にたいし、善悪の基準（ロゴス）あるいは価値理念の受肉、という中心概念で言及することが多い。今受肉という言葉をこの意味で考察してみたい。受肉をそのように概念化することには、確かに問題があり、抵抗を感じる面もなくはないであろう。しかし概念化することによってよりよく見えるようになるものもある。五万分の一の地形図は、土地の景観を抽象的に描いている。しかし抽象的であることによって登山者の立つ位置を確認しやすくし、行く手に開けてくるであろう山の景観を教えてくれるのである。そのようにわれわれも受肉という言葉を概念化し、抽象化して考察する。そうする時、肉体労働の文化のなかにも、転義において、ロゴスの受肉が認められるのではないか。それがわれわれの教父にたいする問いかけなのである。

そのような意図でここに取り上げる事例は、日本の農村に息づいていた入会（いりあい）の文化である。それを守田志郎の「きのこ採りの作法」という文章によって紹介する――、

重なった落ち葉が少し持ちあがり加減のところがある。そこを見すごすかのようにのぼりすすむ。やがて落ち葉がむっくりと持ちあがっているところがある。今見すごしてきたところ、あれが、あすになればこうなる。そこに手をさぐり入れると指先に軸の太さを感じ、その感じで採りごろのを選び、はぎとってわきの籠に入れる。はぎとったあと落ち葉がいくらか上下になり、黒っぽく湿ったのが薄日に光る。知らぬものが見れば、もとと変わりはない。孫の勇さんやその嫁さんをたまたま連れているときには、おじいさんはこう言ったりする。「今度ここで採れるのは、あさってだ」…（中略）…部落の入会山であれば、あさってのためにと上手に取り残したところに別の家の誰かが、またそっと手をさぐり入れてはがしていくことにもなる。そうなっていれば、部落のどの家でも、その時節のきのこを食膳にのせることができる。楽しみのようでもあるが、それ以上に部落の農家にとって、それが大切なお菜でもある。きのこ採りが格別難しいということではない。ときどき年寄のあとについて山を歩くことで、何年かすれば自然にできるようになる。あさって誰かが採りに来たときにきのこがそこに育っているようにと、いつもそう心掛け、採り方に気をくばるということではない。無意識の手先の動きにその心がこめられているようなのである。」（『むらの生活誌』、昭和五六年、所収）

守田志郎は数多くの農村訪問の体験を、しばしばこのような文章に書き残している。文中に登場する勇さんの

農家は入会の部落の一軒であり、そこで勇さんのおじいさんについてきのこ採りをした時の観察を、この文章は記している。ただしこれは観察記録と呼ぶよりは、農村生活への、解釈を込めた文章になっている。それによれば、おじいさんがきのこを採る手つきに、その「無意識の手先の動き」に自然との調和、村人の連帯の理念が宿っているようだと、言うのである。おじいさんのきのこ採りの作法が身についていれば、きのこを採り尽くしてしまうことはない。またおじいさんのようにきのこを採れば、部落のどの家でも、その時節のきのこを食膳にのせられる。おじいさんの手先の動きは、全体性へとひらけている。その指先には、部落の連帯や自然との調和の理念が受肉しているからである。それが入会の文化というものであろう。おじいさんの「無意識の手先の動き」には、善悪の基準もまた伴っている。なぜなら、自然との調和を破ったり、村人の連帯を引き裂くような採り方は悪いからである。つまりおじいさんの身についた作法が基準になっており、それに照らして善悪が決まるのである。したがっておじいさんの無意識の指先にはロゴスが宿っている。確かにそれは、ロゴスがロゴスのままで地上性を帯びる、ロゴスの全体性の受肉とは言えないかもしれない。ロゴスが「私共人間と同じ感性を負う者（ホモイオパテース）となり」、みずからをわれわれに現す時の、ありのままの全体性とは異なる。だが、それは全体志向的な性格を持った知識である。こう考えてみよう。ロゴスの部分知に従う時、何が生じるのであったろうか。それについて教父は、ギリシアの愛知者や立法家達が、「ロゴスについての全体すなわちキリストの知識をえていなかったので、その言葉はしばしば自己矛盾に陥ることもあった」と説明している。言い換えれば、部分知は自己矛盾を抱えた言葉に陥るということである。(13) これと比較して、入会の知恵はどうであろうか。それは永い年月をかけて育てられた知恵である。永い年月の流れのなかで、経験によって検証された知恵である。完全にではないにせよ、そこで全体の調和が実現している。だから、比較的に自己矛盾の少い知識となりえているのである。

守田の文章に触れて考えてきた。要するに、農村文化の肉体労働においても、ロゴスの受肉が認められるのではないかと言いたいのである。ロゴスを全体性の相において知りたいと思うならば、言語的なロゴスを経由して神の力を探求する道があろう。しかしロゴスの全体知にたいする探求はそれだけではなかろう。ロゴスの受肉は、言語的なロゴスに限られたことではない。神の力は、ロゴスの諸相を通じて働く。そのことは、狭い受肉理解からの脱皮をわれわれに促しているのである。ロゴスは魂と身体に宿る。すなわち言語によるよりもはるかに身体によって、身体の作法として習性化するような受肉が考えられる。ユスティノスが「手職人やまったく教養のない人々」にロゴスの全体知を認めていたのは、農民に限らず当時の職人や肉体労働者の内に、この意味で、ロゴスの受肉を認めていたからなのではないのか。それが教父にたいする、われわれの問いかけなのである。

入会の文化を手がかりにして、われわれはロゴスの受肉の拡大解釈を試みた。それはロゴスの受肉を、転義において理解しようとするものであった。したがって教父が著作で述べているロゴスの受肉とは、二、三の点で相違が生じている――、入会の文化におけるロゴスの受肉は、入会部落で生活する誰にも当たり前に見られることである、したがって集団的な受肉である。しかも代々その文化は引き継がれてゆくはずである。これに対してキリストの受肉は、歴史的にただ一度起こった事件であり、イエス・キリストという一個の人間において生じた。これが第一点である。次に、「無意識の手先の動き」という観察は貴重である。きのこ採りの作法は無意識のものであって、意識的に村人への心遣いをしているのではない。無意識に、という点は、民俗的な行事や慣行に広く認められるものである。キリスト教の隣人愛は、それが意識的な心遣いであるとすると、入会の文化とは異なっている。第三に、きのこ採りの作法に見られる価値理念の受肉は、地域の歴史や風土に応じて、それぞれ固有の仕方で、土地の人々の生活と労働の内に起こっている。キリストの受肉が普遍的な一義性を保つとするなら、ここにも相違点が認められる。

（1） 二〇〇二年九月に蓼科高原で開催された、東方キリスト教学会における口頭発表と、その席上行われた討論が本稿の母胎となっている。その時点では、〝ソクラテスはキリスト教徒であった」という教父の言葉から、文化多中心主義を試みる〟という発表題を掲げた。文化多中心主義の視点は、本節において一層強まっているが、小論の主旨を明確にするため、文面には文化多中心主義という言葉を入れなかった。

（2） Th. Deman, *Socrate et Jésus*, Paris, 1944, E. Benz, Christus und Sokrates in der alten Kirche, *ZNW* 43 (1950-1951) など参照。

（3） 詳しくは、本書六八頁とその註（1）を参照されたい。

（4） 本書一五六頁以下を参照されたい。

（5） キリスト以前のキリスト教徒としてユスティノスが名を挙げている人々は、次の通りである。『一弁』四六・三…… ソクラテス、ヘラクレイトス、アブラハム、ハナニヤ、アザリヤ、ミシャエル、エリヤ、その他多勢。同六三・一七…… アブラハム、イサク、ヤコブ。『二弁』八・一…… ヘラクレイトス、ムソニオス、同一〇・八…… ソクラテス。

（6） 筆者は中期プラトン主義のイデア論、特に分有説を念頭に置いている。その分有説は、ストアの自然学と結びつくことによって、本来の性格を変じている。プラトンのイデアは現象にたいして超越的であり、しかも「善」「美」「大」などの価値理念である場合が重要である。しかし中期プラトン主義においては、「人」「魚」「木」などの自然物に対応するロゴス・スペルマティコスによって、イデアの性格が限定される。アルキヌース『プラトン哲学綱要』Ⅸ——「イデアは、自然に則した事物にたいする永遠の範型と定義される。」中期プラトン主義者のそうした傾向を見るには、J. Dillon, *The Middle Platonists*, p. 136f., が簡便である。

(7) 受肉の事件は「神の力によって」生起する、とユスティノスは言う。「神の力によって」という句が受肉に関して定式化していたことは、次の用例によって確認できる――『一弁』三二・九、一一、一四、三三・四―五、六、四六・五、『対話』五四・二、八四・二など。「神の力」は、このように受肉の文脈で出てくる他に、被造世界に先立って父から子（先在のロゴス）が生成する、ロゴスの生成の文脈にも用いられる（『対話』六一・一、一〇五・一）。先在のロゴスは宇宙論的な働きを示す（『二弁』六・三）。また、ロゴスの宇宙論的な表出に関しては、『一弁』五五・一―七、六〇・一―七参照。

(8) 同一の主張はオリゲネスにも認められる――「（受肉に際して）ロゴスは、資質（ウーシア）の点でロゴスのままに留まる。身体や魂がこうむるような変質を、ロゴスは何ひとつとしてこうむらないのだから。」（『ケルソス駁論』四巻一五）

(9) 美が〈美〉になったと言う際、われわれの陥りやすい誤りは、美を宿す以前に或る花が在って、それが美を宿したと考えることである。そう考えるならば、（単なる）花が美しい花になったことになるが、その（単なる）花は何であったのかと問う時に、答えることのできないアポリアに踏み込んでしまう。ロゴスの受肉についても、これと同じ事情が見られる。（単なる）人間がロゴスを宿したという考え方に従う時、その（単なる）人間はどこにいたのかという、議論の泥沼に陥ることとなろう。後世のカルケドン論争のなかでは、そういうアポリアが現実に議論を混乱させた。

(10) 「身体とロゴスと魂」の三者を含むキリスト論は、ダマスコのヨハネ『聖画像論』一六節にも見られ、ギリシア教父の長い伝統に連なるものと見られる。

(11) 本書五四頁以下参照。

(12) 『対話』七・一、『一弁』三〇・一その他を参照。

(13) 『一弁』四四・一〇、『二弁』一三・三も参照。

2　ロゴスとデュナミス――受肉論に寄せて(1)

この研究は、ロゴス・キリスト論を主題とする一片の考察である。ここに言うロゴスは、神に次ぐ神的存在であって、概念ではない。それゆえ訳語を当てれば誤解を招くことにもなるであろう。しかし敢えてそれを試みるなら、日本語で「ことば」「理」「基準」などと訳しうる。神はそのようなロゴスを通じて、この世界と人間に働きかける、と言うのである。こういう形而上学的構想のもとで、ロゴス論は展開する。アレクサンドリアのフィロンは既に後一世紀に、そういうタイプのロゴス論を唱えたユダヤ教徒である。当時様々なロゴス論が存在したことは、文献から窺われる。(2) そのようなロゴスを、地上に来臨したキリストと重ね合せることによって、ロゴス・キリスト論が芽生えたのであった。さて、このタイプのキリスト論が多くの教父達によって論じられたことは、彼らの著作に目を向ける時、直ちに明らかとなる事実である。彼らはロゴス・キリスト論に立って、探求の視線を神に向け、また世界と人間を再考しようとする。ロゴス・キリスト論を語ることは、世界社会の新しい文化範型を彫り出す、彫刻家の仕事に喩えられよう。なぜなら、ロゴス・キリスト論を構築する営みは、世界に向って、人間の理想像を提示することになるからである。ローマ帝国内で伝統文化と応接し、キリスト教の文化を創造する試みは、その点に成否を賭けていたと言っても過言ではない。このような見通しを持って私は、二世紀の教父ユスティノスの、ロゴス・キリスト論を取り上げてみようと思う。

ユスティノスのロゴス・キリスト論は、従来、次のような図式によって提示されてきた。それは、およそロゴスの自己展開と活動を示す諸段階からなる図式である。そのような段階構成を先ず紹介しておこう――、

（1）「先在のロゴス」の誕生……これは世界の創造に先立つロゴスの誕生で、研究者は第一の誕生とも呼んでいる。この段階では、ロゴスは世界の創造や宇宙論的活動に携る。

（2）歴史事象へのロゴス自身の顕現あるいは介入……燃える柴の中からモーセに語りかけた主の御使い

(出三・二)は、ロゴスの顕現した姿と見做される、等々。またロゴスは預言を通じて自身の来臨を予告し、予型を通じて自身の生涯を予徴した、と教父は解釈する。

(3) ロゴスの受肉……これは預言の成就としての受肉である。ロゴスの第二の誕生とも呼ばれる。

(4) ロゴス・キリストの地上における生と十字架上の死。

(5) 復活と父なる神のもとへの帰昇。

ユスティノスのロゴス・キリスト論は、およそこのような構成を示す。それはロゴスの歩みが、神から出て神に帰る、円環状の構成と言える。ただしユスティノスの著作中には、その全段階がひとつにまとまって出てくることはほとんどない。したがってここに挙げた五段階は、著作中の様々な箇所から再構成したものである。

このようなロゴス・キリスト論は、後世のキリスト論にたいし祖型の位置を占め、出発点を記すものとなった。しかしここに、注意すべき点がある。ユスティノスのロゴス論の図柄には、周到に「デュナミス」(力、働き)の語が織り込まれている。このことは、彼の著作に立ち入ってみるならば、容易に明らかとなる事実なのである。したがってこの点を見誤るならば、教父のロゴス・キリスト論を理解することは困難であろうと思う。確かに前掲の図式は間違っていない。けれども、「力」のモチーフが欠けている。そこに不満が残るのである。たとえば「先在のロゴス」の誕生を、われわれの教父はこう語っており、誕生におけるロゴスと力との根源的結び付きを指摘している――、「初めに、神は全被造物に先立って御自身から、或る力、ロゴスの性質の(ロギケーン)或る力を生んだ。」(『対話』六一・一、強調引用者、以下同)このように既に第一の誕生において、神から生れたものは力と呼ばれており、それはまたロゴスの性質を具えてもいるのである。ロゴス・キリスト論における力のモチーフは、ロゴスが神から発出する第一の誕生において既に、ロゴスの基本性格を定めている。この点は、教父のキリスト論を理解する上で決定的な意義を有すると考える。第一の誕生におけるロゴスとデュナミスの一体性を、彼は、別の文脈においても主張している――、「(詩編の) この箇所についてもまた同様です。この箇所は彼（キリスト）の身に関ること、また将来起るであろうことについて教え、予告する言葉なのです。すなわちこの人こそが、万象の父なるかたの独り子であり、ロゴスであり力でもある者として、真の意味で父から生れたのであり、また後世、人として処女より生れること――それはわれわれが（使徒達の）回想録によって知ったとおりのことです――を預言する言葉だったのです。」（『対話』一〇五・一）「詩編」二二編にたいして加えたこの解釈においても、教父は、第一の誕生における、（ロゴスの、ではなく）ロゴス・デュナミスの出現を主張しているのである。

　このようにユスティノスのキリスト論にたいしては、「ロゴス・キリスト論」という呼び方よりも、「ロゴス・デュナミスのキリスト論」という言い方を用いるべきではないか。そのことは多くの文例を挙げて確認しうるからである。[3] 既成の研究に対して、われわれは先ず文例を引いて確認しておこう。

　次に紹介する文は、ロゴス・デュナミスの展開をその懐胎から昇天まで、すなわちイエスの生涯について語っている――、「ところで彼がなぜロゴスとしての力を通じて、万物の父また支配者なる神の意志にしたがって、処女から人として生れ、イエスと名づけられ、十字架につけられ、死んでよみがえり、天に昇ったか」（『一弁』四六・五）。この言葉には「ロゴスとしての力を通じて」というやや難解な句が含まれる。その註釈は保留としなければならないが、ともかくもこの句は、ロゴスとデュナミスの、ある意味での一体性を前提にしているのである。イエスの生涯は、ロゴス・デュナミスの自己展開として理解されている。

　ロゴス・デュナミスの自己展開は、受肉において劇的な段階を迎える。教父の語る受肉は、ロゴス・デュナミスの受肉なのである。われわれはキリスト論に触れて、しばしばロゴスの受肉を口にする。それは「ヨハネ福音書」冒頭の句が、われわれの記憶に留められているからであろうか。だが彼にあって受肉は、ロゴス・デュナミスの受肉なのである。文例を見ることによって、この点を確認しよう——、「万物の父また支配者なる神につぐ第一の力は、ロゴスなる子でもあります。彼がどのようにして受肉し、人となったか……」（『一弁』三二・一〇）、「ユダヤ人の父祖、ユダの父なるヤコブの種から出た処女により、神の力を通じて彼は宿されました」（同三二・一四）、「神の力が処女に臨み、彼女をおおって、処女のまま身ごもらせたのです」（同三三・四）。

地上を歩むイエスの言葉には、力があった。その言葉が人の心に射し込む時、信徒達はあらゆる苦難に耐える者となった。なぜなら、「彼の語る真理と知恵の言葉が、太陽の力より強く燃えて輝き、心と知性の深奥にまで達した」からである（『対話』一二一・二）。イエスの生涯にあった様々な出来事の内、十字架の死は、ユスティノスが受肉と同様に強い関心を寄せるテーマである。たとえば、「十字架こそは、彼の力と支配を示す最大のシンボル」（『一弁』五五・二）と強い口調で述べ、また、「神の隠れた力が十字架につけられたキリストに生じた」（『対話』四九・八）という印象的な言葉も残している。

以上の例によって、教父のロゴス・キリスト論においては、「力（デュナミス）」のモチーフが本質的な位置を占めることを、十分確認しうるであろう。その中心には、ロゴスとデュナミスが一体であるという主張が含まれている。〝ロゴス・デュナミス〟という表記の仕方は、その、何らかの意味での一体性を示すための手立てとして採用したものである。では、ロゴスとデュナミスが一体のものであるとして、この一体のものという捉え方は、どのように理解すればよいのであろうか。ロゴス・デュナミスにたいして、われわれはどのような観念を抱くべきであろうか。ユスティノスの言葉遣いを追ってみると、時折ロゴスとデュナミスを等置しているかのような印象を受けることがある。たとえば、「万物の父また支配者なる神につぐ第一の力は、ロゴスなる子でもあります」

(『一弁』三二・一〇)、「霊と神からの力とがロゴスにほかならぬものであると理解するのが当然であり、このロゴスが神の初子でもあることを、先にあげた預言者モーセは明かしたのです」(同三三・六)と言う。このような文章を読む時、神の力とロゴスとが単純に言い換えられているようにも思われるであろう。

だが、むしろこう考えるべきではなかろうか。ロゴスとデュナミスは、われわれの言語において二つの概念に対応するが、キリストにおいては両者の統一が見られる、と。教父の言葉の様々な面から見て、そう考えざるをえないように思う。そう考えてよいことを示す例がある。イエスとファリサイ派律法学者との論争や、イエスの悪霊追放を語る教父の言葉を見てみよう。その種の文脈で教父は、イエスの言葉には力があった、と主張しているからである。[4] この文章においても「言葉」と「力」とは、相互に置き換え可能であろうか。もしそうなら、「イエスの力には言葉があった」と言ってよいことになる。そうは考えられまい。なぜなら、そうした場面で、イエスは実際に音声言語を用いていたことが記されているからである。

したがって、ロゴスとデュナミスを等置することはできない。むしろイエスの言葉と力とは、渾然と一体をなしており、しかもわれわれの認識には、二面のものとして映るのである。われわれにとってそれが何を意味するのかといえば、ロゴスとデュナミスの区別に立って、ロゴスを考察することはそのままデュナミスの考察になり、デュナミスの考察はそのままロゴスの考察になるということではなかろうか。このようなロゴス・デュナミスの一体性は、じつは、日常の自然観察に照らしてもうなずき易いものである。たとえば海はロゴス・デュナミスの理法と力動の一体となった世界と言えるのではなかろうか。海には潮の干満や波動、季節に応じた水温の変化、潮の良し悪し、魚貝類や様々な生物の形成する食物連鎖などの美しい法則性が観察されるが、同時にまた海の波風も、潮流の変化も、魚類生物の行動も、一日として同じことはなく、さらにまた、母のように穏やかな海は台風によって荒れ狂う海ともなる。そういう力動的な面もまた認めざるをえない。このようにその全ての営みを通じて、海は生命を養うロゴス・デュナミスの小宇宙であると言いたいのである。(5) とりあえずそういう風に、ロゴスとデュナミスの一体性を理解しておこう。

なお、一言註記したいことがある。それは、ロゴスとデュナミスに並んで、キリストに冠せられる称号が他にもあるという点である。教父の著作中には、キリストの多くの称号が見られる——、たとえば「神」「知恵」「栄光」「御使い」「霊」「子」「主」「御言葉」「万軍の将」「知恵の霊」「理解と謀の霊」「力と敬虔の霊」「畏れの霊」「知識の霊」など（『対話』六一・一、八七・四、一二八・一その他）。しかしロゴスとデュナミスの二者は、教父のキリスト論、神論にとって中軸をなし、思想的展開を有する点で他と一線を画す。つまり、ここに挙げた称号の群は、ロゴスまたはデュナミスの呼び換えにすぎないということである。

この段階でデュナミスの用語法をまとめておこう。それは以下の考察にとって、一つの予備作業となるはずである。デュナミスの用語法は、二つの面に分れている。先ず、上に挙げた称号の群にたいする、代表称号としての用法が認められる。様々な称号の、いわば共通の代名詞としての用法である。しかしデュナミスは群の代表というだけでなく、命の力、勝利の力などと意味を特化した用法も有する。これが第二の用語法である。本節においては主として、命の力の意味でこの語を用いたい。そこで、その面の用法に少々説明を加えておく。ユスティノスは、生命の力という意味で神の力に言及することがしばしばである。一例を引いてみよう。旧約の「民数記」の、「青銅の蛇の物語」と呼ばれるくだりである。この物語に付した教父の解釈は、神の力の生き生きとした描写になっている。物語によると、イスラエルの民がエジプト脱出の長路に疲れて、神に対してつぶやいた時、神は蛇の群を遣わして人々を咬ませた、と言う。その時主人公モーセは、荒れ野で青銅の蛇を造り、旗竿に掲げてイスラエルの民を救った。信じて青銅の蛇を見上げた者は、癒されたのであった（民二一・四―九）。この話を、ユスティノスはこう解釈している――、青銅の蛇の掲揚を通じて神の力が働き、信じる者達を蛇の咬み傷から救ったのだ、と。つまり神の力を、死の力に打ち勝つ生命の力として語っている。しかも教父はここで、青銅の蛇の事件をキリストの十字架の予型として語っているのである。青銅の蛇の事件と同じように、十字架上のキリストから、死に打ち勝つ命の力が輝き出すであろう、と。この教父はしばしば、精彩に富む筆致で、神の命の力を描き出している。

ここに至る議論を要約してみよう。教父の言葉は、次の点でわれわれに鮮明な印象を残している。すなわち、彼のキリスト論は、ロゴス・デュナミスのキリスト論なのである。そのことは、ロゴスの展開図式の各段階について妥当する。そしてロゴス・デュナミスはしばしば、神の命の力として、われわれの世界に介入する。この印象がわれわれの研究をさらに動機づけてくれる。そこに着目し、そこを出発点に定めてよいと思う。そうして見る時、考察の前途がおのずと視野に入ってくるであろう。われわれの展望には、次の三つの論点が姿を見せているようである――、

（1）ロゴス・デュナミスと言うが、その内実は何か。すなわちロゴス・デュナミスの基本性格を問うこと。ここでは先ず、ロゴス・デュナミスの存在論的性格を描くことに、主たる努力を傾けたい。

（2）次にもう一つの基本性格である、ロゴス・デュナミスの力動性を明らかにすること。これは受肉の考察となる。

（3）ロゴス・デュナミス論を唱えることの意義は何か。すなわちロゴス・デュナミス論のもたらす成果として、理想の人間像を追求すること。

ロゴス・デュナミスの存在論的性格

ロゴス・デュナミスの存在については、どのように語られているのであろうか。たとえば、父なる神にたいして子なるロゴス・デュナミスの存在はどのような位置を持つものであろうか。当面は、ロゴス・デュナミスの形而上学に至る準備として、文献学的な角度から、ロゴス・デュナミスの存在論的な身分を探っておきたい。ロゴス・デュナミスの存在論的な性格をそれとして語る言葉は、教父の著作中にはあまり多くないように見受ける。むしろ断片的であると言ってよいようである。しかし著作中に見出しうるいくつかの段落から推定すると、ロゴス・デュナミスの存在の問題に無関心であったとも思われない。一例を引いてみよう。『トリュフォンとの対話』のなかに、ロゴス・デュナミスが神から誕生する過程を説明する段落がある。そこでは、「初めに、神は全被造物に先立ってご自身から、或る力、ロゴスの性質の或る力を生んだ。」（六一・一）と述べ、さらに、どのようにしてデュナミスが生れるかを語る言葉が続いている。それはデュナミスの存在性格を述べるものとなっている。彼は比喩を用いてこのように言う——、

われわれが言葉を発する時には、言葉を生むのであるが、切り離すことによって言葉を発するのではないから、われわれの内なる言葉がそれによって減殺される結果にはならない。また火の場合にも、別の火が生じる現象をわれわれは眼にする。その際、引火が起った元の火は減殺されることなく、同一の火のままに留まる。そして元の火から引火した方も、それ自身で存在することは明らかであって、火元にある火を減殺することはない。（『対話』六一・二）

この文章は、内なる言葉と音声として発せられた言葉との関係、さらにまた、火元の火とそこから燃え移った火との関係を説明している。いずれも、神からどのようにしてデュナミスが誕生するか、の喩えになっているのである。さてデュナミスの存在について、ユスティノスの言葉は二、三の論点を含んでいるようである。

（イ）デュナミスは誕生を経て神と独立の存在となる。「それ自身で存在する（アウト・オン）」と言われているとおりである。独立の存在であることを、教父は「別の神（テオス・ヘテロス）」という表現によっても主張している。すなわち、ロゴス・デュナミスは「万物の創造者なる神とは別の神である」（『対話』五六・一一）と言うのである。また教父は、別の文脈で、こういうことも言っている。デュナミスのひとつである御使い達について、ある人々は御使いが神と独立の存在ではないと、誤った主張をしている。彼らは、こう言う――、神から発出するデュナミスは神と不可分であり、切り離すことができない。それはちょうど太陽とその光とが分離できないのと同様である。したがって神は、御心のままにデュナミスを発出させたり、帰還させたりする。そのようなデュナミスとして、神は御使いを創造した、と（『対話』一二八・三）。御使いの存在に関するこのような断定に対して、ユスティノスは反論する。御使い達は創造されたものではあるが、常に存在する。したがって神に帰還することによって存在を失うことはない。すなわち御使いは神から生じた後にそれ自身で存在する、と（同一二八・四）。したがって諸力の主(6)であるロゴス・キリストも、誕生を経て独立の存在となる。このように神とロゴス・キリストとがそれぞれに存在する様を、教父は「数において別である」と言う（『対話』五六・一一、一二八・四）。この言い方は恐らく、生む者と生れる者との区別にもとづいて数えることができるということであろう。

（ロ）しかしロゴス・デュナミスの誕生によって神が何かを失うということはない。神は自身の存在を十全に保つ。こう言われているとおりである――「われわれの内なる言葉がそれ（発話）によって減殺される結果にはならない」、「元の火は減殺されることなく、同一の火のままに留まる」。この喩えはいずれも、デュナミスが切断によってではなく、生れによって別の神となる事態を語っている。

「生れ」によるという、この生成の仕方は『トリュフォンとの対話』中に並行箇所が見られる。その文脈で教父は、デュナミスの出現が分断あるいは切断によるのではなく、誕生によるものであることを述べてこう言う――「この力は、父の力と意志によって父から生れたのだが、父のウーシア（οὐσία）が分断されるかのように、父から切り離されることによって生れたのではない。これに対し他のすべてのものは、分けられ切り離される時には、切り離される以前と同じではなくなる。範例を引きましょう。ひとつの火から燃え移った火を見ると、元にあった火は、自分から多くの火を燃え立たせながら、自分は同一の様に留まっているのです。」（『対話』一二八・四）

この言葉は父なる神の「ウーシア」が、子の誕生の過程でいささかも損なわれるものではないことを強調する。父のウーシアは完全な自己同一性を保つというのである。このウーシアに訳語を充てることは難しく、後世の三位一体論におけるように「本質」と訳してよいかどうかは、大いに疑問である。ここでは仮に「本源性」を充てておきたい。さて、ここに引いた教父の言葉を注意して読むと、父から誕生した力が父と同一のウーシアを有するものとは言われていない。後世のニケア信条にある「ホモウーシオス」という語を、教父は、用いていないという事実もここで付言しておこう。むしろ父との差異が指摘され、恐らく生むものと生れるものの区別に基づいて、数の上で別であると言う。それはどういうことであろうか。父と子の差異は、つきつめて言えばどこに見られるのであろうか。ここで「生れる」ということの意味が改めて問われることとなる。生れるとは、喩えによれば、（元の）火から火が生れ、（内なる）言葉から言葉が生れるということである。これに倣って言えば、（父なる）神から神が生れることであろう。このように元にあるものは自身と同一の名で呼ばれるものを生み出す。先に「本源性」の訳語を用いたのはこの理由によるのである。では、生れてきたデュナミス、子なる神キリストから、さらに別の神が生れるのであろうか。そうは考えられない。つまり子は父と同一の本源性を維持していないのである。ここにデュナミスの存在論的な位置付けを見ることができるのではなかろうか。

ただしデュナミスは、「志向において」神とひとつである。誕生したデュナミスは神の意志を継承し相続しているからである。『トリュフォンとの対話』五六章で教父は、両者が「数において」は別であるが、「志向において」同じであると言う。なぜなら、「至高の神みずからがはからい給うた行為と言葉以外には、（ロゴス・デュナミスは）決して何も為さなかったからである。」（五六・一一）

（八）ロゴス・デュナミスは力動的性格を有する。先に引いたユスティノスの言葉（『対話』六一・二）には、この力動性が比喩の形で反映していた。すなわち内なる言葉が音声言語となって生れる事象は、これを喩えているものと見られる。聴覚には聞こえない内なる言葉が、聴覚的な音声言語になって生れる。それはなぜであろうか。その理由を説明するために、力動性ということが要請される。言い換えれば、ロゴスの力動性とは、現象世界に生れ出る力のことである。この点をもう少し詳しく見ておこう。

『第一弁明』の一段落で教父は、身体の復活が不可能ではないことを弁証して、神の力に言及している。その言葉には論争的な調子が感じられる――「各々はそこから生じたところに帰るのであって、この定めを越えては他の何事も、たとえ神であっても不可能だと唱える者らは、神に帰すべき力をどれほどのものとして語っているのでしょうか。」（一九・五）ここで教父が「たとえ神であっても不可能だと唱える者ら」と呼んでいるのは、代表的にはストア派の宇宙論を唱える学者たちであろう。[7] 彼らは一つの理論的基礎に立っており、四元素（とエーテル）の存在と、それぞれの重さにしたがって、各元素が土・水・空・火の四層に配置される宇宙構造が前提になっている。そして個々の物体は四元素の合成・分解によって生成・消滅するのである——その際四元素は本来の四層の配置を離れて物体内に留まったり、物体の消滅とともにもとの配置に帰ったりする。このような理論がもし徹底されるならば、神すらもこの機構に組み込まれた存在であるという主張が出て来るであろう。そのような物質循環のシステム論に対し、教父は批判を投げかけるのである。彼によれば、神の力はそうしたシステム論的な存在様態の枠を越え出る。神の力はいかなる既成の存在様式にも束縛されず、新しい存在となって生れ出るからである。それが創造であり復活であり受肉である。

ロゴス・デュナミスが力動的に自己を展開し、あるいは変容する性格の存在であることは、ロゴス・キリスト論の展開図式から、とりわけロゴスの受肉ということから、明らかである。そこでわれわれは、今や、教父の受肉論に視線を転じなければならないようである。

ロゴス・デュナミスの受肉

ロゴス・デュナミスの力動的展開は様々な様相を示すが、とりわけ重要な展開は、不可視なものが可視的世界に、つまり現象世界に自己を展相する動きである（『対話』一二八・一、一三二・一など）。それはまた身体に自己を展相する変容である。これが受肉と呼ばれる。ロゴス・デュナミスの力動性は受肉において最も顕著に示されている。処女の懐胎をもたらしたのは、ロゴスの力である。(8) われわれはここから、受肉におけるロゴス・デュナミスの研究に進もうとする。

ロゴス・デュナミスが受肉して地上の人となった者を、教父は「キリスト」と呼んでいる。したがってキリストは身体も魂も具えた地上の人間である。そのことを前提した上で、受肉論の内部に考察の眼を向けたい。いったいロゴス・デュナミスの受肉はキリストの魂において起ったことであろうか。それとも身体において起ったことであろうか。これが最初の問題である。単にロゴスの受肉と言う時、われわれはキリストの魂においてロゴスが受肉したものと想像しやすい。そしてこの考えをわれわれ人間に引き写して見る時、言語的なロゴスが主役となり、主知主義的な人間理解が生じやすい。しかしロゴス・デュナミスの受肉についても、そう考えてよいのであろうか。教父はこの問いにたいしてどう答えているのであろうか。われわれは再び、彼の言葉に耳を傾けてみたい。そのような問題意識で彼の著作に向うと、いくつかの点が明確に見えてくる。

『第二弁明』の一節には、こういう言葉が見える――、「全体者なるロゴスが、私共のために出現したキリストとして生れ、身体とロゴスと魂とになった」(一〇・一)。「全体者なるロゴス」という句の解釈が問題であるが、差し当たりその点にこだわらなければ、この文章の主語はロゴスであると言える。ロゴスが、「身体とロゴスと魂」とになった、と言う。上述のように、ここに掲げた教父の言葉に立脚する限り、ロゴスは人間の魂に宿るのではなくして身体と魂に宿るのである。魂の分有、すなわち魂がイデアを分有するというようなプラトン主義的な考え方がある。それと比較して見れば、教父の言葉には身体性の強調が感じられる。これは注目に値することである。ロゴス・デュナミスの受肉における身体のモメントは、ひときわ強い響きを発しているのではないか。そのような受肉があるとすれば、それはキリストという特殊な人間に限られたことである、とも言える。とは言え、キリストはわれわれと同じく地上の生を、「人間と同じ感性を負う者」(『二弁』一〇・八)となって、送ったのである。とするなら、キリストを範型としてわれわれも、身体と魂にロゴス・デュナミスを映す、その可能性が開けてくることとなろう。そうとするなら、われわれの魂にではなく、われわれの身体と魂に映すという身体性の強調が帰結してくる。

われわれは『第二弁明』の一節を通して、受肉における身体のモメントに注目してきた。その視点に立って、ここからさらに教父の言葉を追ってみよう。ユスティノスは多くの箇所でロゴスの受肉に言及している。そうした言葉を視野に収めて、ロゴス・デュナミスの受肉がどのように語られているのかを、見ておきたいと思う。その調査は、結論を先取りして言えば、こういうことを教えてくれる。すなわちユスティノスは、受肉における身体のモメントを、鮮明な言葉遣いで強調しているのである。その二、三の例証を、ここで紹介したいと思う。先ず指摘すべき点は、受肉を示す際にユスティノスの用いる語である。受肉を指して彼の用いる術語は、日本語の「受肉」という言葉にきわめてよく合致する合成動詞である。ギリシア語では*σαρκοποιηθῆναι*（サルコポイエーテーナイ）である（『一弁』三二・一〇、六六・二、『対話』四五・四、八四・二、八七・二、一〇〇・二）。この語の前半分には*σάρξ*（サルクス）という名詞が入っており、これは「肉体」「肉」と訳されるので、語全体としては「受肉」「化肉」という訳語がよくあてはまる。これ以外に教父は「受肉」に該当する術語をほとんど用いていない。むしろ彼が多用する表現は、「人となった（アントゥローポス・エゲネト）」であり、この言い方はもちろん、受肉においてロゴスの自己同一性が損なわれはしないことを前提している。したがって先の「身体とロゴスと魂とになった」と合致する。注目すべきことに、「肉（サルクス）」を含むこの合成動詞はきわめて用例が少なく、ギリシア語の聖書にも初代キリスト教文献にも、ユスティノス以外には用例がないと言われる。このような動詞を用いている事実に、ロゴス・デュナミスの受肉を語る際に、教父がどのような観念を抱いていたかを読み取ることができるのである。したがって、ロゴス・デュナミスが魂に宿るというような観念は、彼の受肉論には適合しない。

次に指摘する点も、教父の受肉理解を知る上で非常に興味深い。教父が「創世記」の解釈として述べている言葉である。「創世記」第四九章には、ヤコブが息子達を呼び寄せて、それぞれに祝福の言葉を贈ったという話がある。そのなかでヤコブは息子ユダにたいし、こう語っている——、

そのろばの子をぶどうの木につなぎ、
その衣服をぶどうの血で洗う。（『一弁』三二・五）

ユスティノスは、この祝福をキリストの受難を告げる預言と受け取っている。彼は言葉にある、「ぶどうの血」（七十人訳〝ハイマ〟）の句に特別な注意を寄せる。「ぶどうの血」を解説して、こう言っているのである——、

「ぶどうの血」と言われているものは、将来出現するかたが血液をもっていることを意味します。しかし、人間の種子からのではなく神の力からのそれです。（『一弁』三二・九）

このように、「将来出現するかた」すなわちキリストの血液が、神の力から生じたのだという主張を、教父は一度ならず述べている（『一弁』三二・一一、『対話』五四・二）。一見したところ、血と力とを結びつける考えは、われわれには馴染みにくい面がある。しかし、神の力を生命の力で言い換えてみると、意外に分りやすくなる。この置き換えには、相応の根拠がある。前述の「青銅の蛇の物語」は、信じて青銅の蛇を見上げた者は救われた、と言う。ここで神の力は、蛇の咬み傷と死の力に打ち勝つ生命の力なのである。われわれはこうした根拠から、

血と神の力を関連づけることができる。しかしこれは、パウロのキリスト論に見られるような血、すなわち律法の規定に定められた、法的な血とは異なる意味で理解しているのである。

　キリストの受肉における身体性の強調を、われわれはもうひとつの面から確認することができる。これが第三点となる。それは教父が読者にたいし、「エウカリスティア（感謝）」の典礼を紹介する段落に見られる。福音書によれば、最後の晩餐の席でイエスは「これはわたしの体である」、「これはわたしの血である」と語った。その言葉を引用しながら、教父は次のような解釈を述べている――、

> 神のロゴスによって受肉した救い主イエス・キリストが肉と血とを受けたのは、私共の救いのためであった……キリストから伝え受けた祈りの言葉で感謝した食物も、私共の受けた教えによれば、あの受肉したイエスの肉と血であり、私共の血肉はその同化によって養われるのです。（『一弁』六六・二）

ここで教父は、最後の晩餐の体と血を、「あの受肉したイエスの肉と血」と言い換えている。それがこの言葉の注目すべき点であろう。それは死を目前にしてイエスの語った言葉のままではなく、典礼における、受肉したイエスの血肉とされている。このような「エウカリスティア」の解釈にも、受肉における身体性の強調を確認することができる。

　われわれは、ロゴス・デュナミスの受肉に触れて教父が、キリストの身体性を強く打ち出しているという事実を知った。つまり教父は、ロゴス・デュナミスが魂と身体に宿る（上述）と言うだけではない。彼が注目するのはむしろ、身体に宿るという、この面なのである。魂がロゴスを宿すという、主知主義的な構想と比較する時、

ここに著しい隔たりが横たわっていることに、誰しも気付くことであろう。

とすると、われわれがここで直面している問題はこうであろう——、ユスティノスは受肉論において、なぜ身体性を強調したのだろうか。その意図は何にあったのだろうか。この問いを思想史のなかで受け止めようとすれば、中期プラトン主義の人間論、あるいはアレクサンドリアのフィロンのロゴス・デュナミス論を、比較の対象として取り上げることができる。ユスティノスには、中期プラトン主義に対する批判と克服の意図も、もちろんあったことであろう。しかし、そこに究極の目標を見ていたのであろうか。教父には、より深い関心事があったように思われる。それは、真の人間像、十全な意味での人間像を語ろうとする意図である。われわれは最後に、その面の考察に向いたい。

理想の人間像

ユスティノスの人間観には、ひとつの基本的なテーマがある。それは人間における言葉と行為——特に身体行為——との区別である。その区別は彼の言葉の随所ににじみ出ている。そしてロゴス・デュナミスが、われわれの言葉だけでなく身体行為においても働くという点に、彼は完成された人間像を認めるのである。したがって教父は、預言者にも、キリストにも、信徒たちにも、そのような人間像を見出そうとする。たとえば預言者は、この教父にとって神的な人間である。したがって人間の理想像である。その預言者の言葉と行為とを区別して、次のように語っている——、

要するにある場合には、聖霊が、眼にも明らかな様で何らかの事象を引き起こしていた。その種の事象は、

将来に生起する事件の予型であったのです。しかしまた聖霊が、将来の出来事に関して言葉を発していたという場合もある（『対話』一一四・一）。

預言者の言葉と行為は、この文章では、預言と予型である。荒れ野で蛇を掲げたモーセの行為は予型の、キリストの降誕の予告は預言の例である。一言で言えば、予型は事象（プラーグマタ）であり、預言は言葉（ロゴイ）であって、これが言葉と行為の区別になっている。こうして預言者モーセは予型と預言の両面で、すなわち身体行為においても言語行為においても、ロゴス・デュナミスの発現を担う者である。一般に預言者は、その言動の両面を通じて神の善を実現するもの、とされる（『対話』八七・四、九〇・二など）。そこにユスティノスは理想の人間像を認めた。

言葉と身体行為の区別は、ユスティノスのキリスト論をも貫いている。神から最初に生れた独り子の神は、神の善の志向を、その行為と言葉において十全に体現するものである――「彼（子なる神）は世界の創造者なる至高の神みずからがはからい給うた行為と言葉以外には、決して何も為さなかった」（『対話』五六・一一）。ロゴス・デュナミスの働きは、地上のキリストの言語行為を通じて、また身体行為を通じて発現するのである。しかもわれわれの教父は、キリストの言語的な人間性にも劣らず、その身体性に強い関心を寄せていた。神からほとばしる生命の力は、言語においても身体行為においても、等しく発現すると言う。ファリサイ派との論争や悪霊追放の際の力ある言葉は、キリストの言葉におけるロゴス・デュナミスの働きとされる（上述）。他方、力ある業や受難は、身体行為におけるロゴス・デュナミスの働きを示している（『対話』三一・一、四九・八など）。キリストを通じて働くロゴス・デュナミスは、相似的に、信徒達の言葉と行為へと転移する。苦難に耐える信徒達の態度が、ユスティノスの心に感動を呼び起こした。若きユスティノスを回心に向わせる契機となったのは、それであったと言う（『二弁』一二・一、一三・二）。

身体行為におけるロゴス・デュナミスの働きを、言語行為におけるそれと同等の地位に置くこと、それは人間観の変革を意味する。知性や霊魂を人間の主導的な部位とし、身体に対する優位をそこに認める二世界論的な人間理解は、古代から現代に至るまでわれわれの人間観を呪縛してきた。この言語的なロゴスを中核とする、ロゴス中心主義の人間観に対して教父は、ロゴス・デュナミスのキリスト論を語りつつ新しい人間像を掲げている。彼は音声言語と区別された身体行為に、固有の意義を認めるのである。

このような人間観は当時のプラトン主義のそれ、たとえばアレクサンドリアのフィロンの人間理解と比較する時、鋭い対照を示すものである。周知のようにフィロンは、ユダヤ教の神学とプラトンのイデア論を一つに統合すべく努力した学者である。彼はそのような構想をモーセ五書の註釈などを通じて実現しようとした。そして代表作『世界の創造』では、聖書の創造神に、『ティマイオス』篇の造物主（デミウルゴス）を重ね合わせて、「創世記」の註解を残した。その中で、六日間にわたる神の創造の業を叙述しながら、彼は、神の像にかたどって造られた人間に目を向けている。そうした際に語り出される人間像は、知性的部位と身体的部位との二元的な構成を示す。すなわち人間の創造における神の像は、霊魂を指導する知性（ヌース）に関るものであって、身体には関りのないこと、と言うのである。知性は、人間における神と呼び得るほどであって、それが人間の内に占める位置は、全世界に対する偉大な指導者の位置に比せられる（六九―七〇節）。

フィロンの主知主義的な人間観と比較してみると、ユスティノスの立場は対照的である。それは教父の預言者像や受肉論に触れて述べてきたことから、当然の帰結なのである。その点を繰り返すつもりはないが、人間における身体性の意義を主張するものとして、最後になおひとつのことを指摘したいと思う。それは教父の「知性（ヌース）」という語の用語法である。教父には、「ヌース」の語を身体行為についても適用する傾向が見られる。そのような用語法は、彼が「青銅の蛇の物語」を解釈する言葉に例が見られるものである。モーセが荒れ野で蛇を掲揚した事件は、キリストの十字架を予徴する予型行為である。その事件に触れて教父は、「卓越した知性が宿っていた」と、評価している（『対話』一一二・三）。したがって教父は身体を精神や知性の下位に置き、受動的隷属的な身分にある者とはせず、身体と霊魂の全体に対して知性（ヌース）の語を用いようとしたのである。(9)

（1）　二〇〇三年秋の中世哲学会において行った研究報告と討論が、本節の基盤になっている（一〇月二六日、於新潟大学）。教父哲学の研究に発表の場を開いて下さった、中世哲学会の御配慮にたいし、御礼申し上げる。また発表の折に頂いた質問は、いずれも問題の核心に迫るものであり、後日の再考を押し進める力となった。質問内容の例を挙げれば、次の通りである。「ユスティノスのデュナミス論は、ヘブライズム起源か」（加藤信朗）、「天使という意味でのデュナミスと、キリストという意味でのデュナミスとは身分の差があるのか」（桑原直己）、「ロゴスと言う時には、そこに、デュナミスが当然含意されているのではないか」（岡部由起子、大森正樹）など。このうち後二者に対しては、本節においてできる限りの応答を試みたつもりである。しかし加藤質問に対しては、ヘブライズム起源と断定しきれない面があるという、席上のお答えをここでも繰り返すしかない。特にユスティノスのデュナミス論にたいし、アレクサンドリアのフィロンに代表されるような思想圏を背景の一部として措定した場合には、そう断定しきれない。『ファイドン』『ソフィスト』とりわけ『ティマイオス』を遠源とする、イデア論とデュナミスの関連が無視できなくなってくるからである。

（2）　フィロンの外には、プルタルコス『イシスとオシリス』やヘルメス文書その他にもロゴス論が見られる。

（3）　『一弁』二三・二、三二・一〇、一一、一四、三三・四、六、三五・二、三六・一、四六・五、『対話』三一・一、四九・八、五四・二、六一・一、八三・四、一〇〇・五、一〇五・一、一一六・一その他の箇所を参照。

（4）『一弁』一四・五、『対話』八三・四、一〇二・五、一一六・一、一二一・二など参照。

（5）つまり、自然法則の研究はそのまま生命の力に眼を向けるような探求を促している、ということになる。それは、世界を正確に把握しようとすればするほど、世界が死物化してしまうようなパラダイムと対照をなすものとなるであろう。教父のキリスト論は、そういう射程を具えているように思われる。事実ユスティノスは、ロゴス・デュナミスの宇宙論的な働きを数度に亘って述べており、それはロゴス・キリスト論の一局面をなしている（『一弁』五五、六〇）。

（6）神界では御使い達と諸力が群をなし、ロゴス・キリストはその主であるとされる。『対話』二九・一、三六・二、四、五、六、五三・六、六五・六、八五・一、四、六など参照。この主張は聖書的背景を有する。詩一四八・一―二の七十人訳等を見よ。

（7）『二弁』七・八―九参照。

（8）『一弁』四六・五、三二・一四、三三・四、三三・六、『対話』一〇〇・五。

（9）先にも引用したユスティノスの言葉、「彼（イエス）の語る真理と知恵の言葉が、太陽の力より強く燃えて輝き、（信徒達の）心と知性の深奥にまで達した」（『対話』一二一・二）も、「知性（ヌース）」のそういう用法示している。この言葉の趣旨はこうである。イエスの言葉の光が信徒達の知性の深奥に差し込んだ時、彼らはイエスへの信仰を守るべく、あらゆる苦難を乗り越える者となった。すなわちここに言う「知性」は、明らかに、苦難を忍ぶ身体行為を含んでいる。「知性」の語が身体行為をも対象とする点は、教父研究の今後の主題となり得る。

結び

二世紀の教父ユスティノスに焦点を定めて、われわれは、キリスト教哲学最初期の姿に眼を凝らしてきた。この人は哲学者の装いに身を包んで町を歩いていた、と伝えられる。それが真実であるとすれば、彼のキリスト教哲学は他の哲学諸派あるいは宗教教派と、同じローマ世界のなかで応接していたことを、その装いが象徴的に示していたのである。文化史上の一過程として見れば、この教父は、ユダヤ教の伝統に対する応答を迫られるなかで、またヘレニズム・ローマ文化に対する継承と批判を経て、キリスト教文化の創造という役割を負っていたことになる。明らかに、彼はそういう課題を念頭に置いていた。そういう意識から、キリスト教を「真の哲学」として樹立しようとした。そしてモーセの生涯もソクラテスの死も、真の哲学の系譜に連なるものとして位置付けたのであった。

哲学的思索の特徴を、論理の整合性に見出そうとする人が時々見られる。ユスティノスの研究書においても、同様の主張に出会うのである。確かに哲学は論理の力を利用する面がある。しかし論理に従うことが哲学本来の営みとは言えない。むしろ既成の論理を超えた知見が突如として姿を現し、われわれの思考に介入し、それまで

の論理地平に亀裂を生む、その点に思索の特質がある。そのような出来事こそが哲学的な驚き、〃タウマゼイン〃の名にふさわしい。その意味で、キリスト教哲学はすでに二世紀に芽生えていたのである。

ユスティノスの時代のプラトン主義は、中期プラトン主義という総称で呼ばれる。この中期プラトン主義の一学派に身を置いて、彼は青年時代のある時期を過ごしていたのである。そこで学んだものは、二世界論という思考のパラダイムであった。しかしキリスト教との出会いのなかで、彼は二世界論と決別し、真の哲学すなわちキリスト教哲学の形成へと向って行く。二世界論を踏み越えてキリスト教哲学最初期の思索へと旅立つ過程、それをわれわれは観察してきた。では、その歩みの導きの糸をどこに見出したのであろうか。この教父の探求は、預言者達の言動にたいする考察に、そしてまた受肉のロゴス（すなわちキリスト）の人間像にたいする解釈の営みに支えられている。それで、探求はどこに帰着するのであろうか。人間の全体性の回復こそが、その目標であった。二世界論的な人間観を克服して、真の人間の復活を目指したのである。従って教父の哲学は、二世界論に対する応答という観点から概括することができる。以下にその要旨を述べてみよう。

そこで先ず二世界論という術語に触れておきたい。われわれはこの語をどのように理解してきたのだろうか。それは、人間の眼前に展開する此の世と人間についての、ひとつの解釈を意味する。人間の生きている此の世界には、心理、社会、歴史、自然などの現象が次々に映し出される。無数の現象が此の世界に生れ、われわれの耳目を奪い、そして消え去る。しかしそれだけなのであろうか。天地の理法とか恒常的規範といったロゴスの秩序は、そこに関っていないのだろうか。あるいはどう関っているのだろうか。われわれにそういう問題を投げ掛けてくる此の世界に関して、知性的な領域と感覚的な領域、知性的な知識と感覚的な知識とが二元分立しているという主張が、すでに古代ローマ世界に存在した。それが二世界論の見方なのである。そういう世界観、人間観であるという点を思い出しておこう。

とするとどうか。知性的領域と感覚的領域との関係付けはどうなるのか。二世界論の、理論としての質が問われるとき、ここが要点なのである。二世界論の側からなされる応答は、次の二つのタイプに分けることができる。それぞれの主張を、人間論の場で紹介してみよう。身体の評価に応じて——、(一) 身体は知性に敵対するものであって、何らの意義も認められないとする立場。(二) 身体は知性の活動を補助する限りで存在意義があるとする立場。

以上の二者が、二世界論の唱える人間観のタイプである。前者 (一) の立場は身体を魂の墓場とか牢獄と見なし、身体からの解放が魂の救いであると考える。そこであらゆる努力の目標は、身体の束縛をほどいて自由な知性を回復することにある。次に、後者 (二) の身体観は、前者の緩和したタイプと言える。条件付きで身体の意義を容認する考えである。つまり身体の働きは、(二世界論に言うところの) 知性と同化し、共同する限りで是認されるのである。これを喩えれば、現場で作業をしている二人の労働者のようなものである。「知性」氏は「身体」さんに対し、自分のやり方の助手になって働いてくれることだけを期待する。しかし「身体」さんが自律的、能動的に働くことは望まない。他律的、受動的であって欲しいのである。なぜなら自分ひとりで全体を掌握しなければ気がすまないから。もうひとり別の「知性」を認めたくないのだ。

さてユスティノスの人間論は右に紹介したいずれのタイプとも異なっている。二世界論との対照を鮮明にすべく、教父の身体観を、やや濃い線の輪郭で描き出してみたい。彼は預言者の身体行為の内にキリストの予型を認め、そこに神的な知性が隠されていることを洞察する。モーセが青銅の蛇を掲揚した行為はその例である。教父はそこに深遠な知性の働きを感知したのであった。そこでは身体行為において発現する知性が、預言という言語的な場での知性から区別されている。恐れずに言えば、理性的言語的な――すなわちロゴス的な――知性とは別の仕方で、身体もまた知性を分担しているということである。教父は身体固有の意義に気付いているようだ。もちろん、身体的欲望によって知性が暗くなることに対しては、強い警戒心を抱いている。にもかかわらず、身体に固有の知性的な働き、全体性の把握が具わっていることを認める立場だと言って良かろう。そういう見方に立つ時、身体もまた人間の知性に参与するものとなる。さらにまた文化的行為、典礼、習慣、作法、肉体労働などが言語に還元されない意味を帯びてくるであろう。預言者の研究はそういう知見をもたらしてくれる。そして言うまでもなく、キリストの身体性や信徒達の殉教の行為もまた、預言者の言動と軌を一にしている、と教父は考えるのである。

従って以上から、敢えてこう言ってみたい――、人間身体にも知性への寄与を認めるとすれば、二世界論的な二分法に基づく（旧）知性とは別の、新しい知性を語っているのである。それによって二世界論の土台は崩れ去る。とすると、どういうことになるのか。魂と身体の新しい関係はどうなるのであろうか。人間の全体性を賭けた問いがここに発生する。わたくしとしては、ここで〝シンボル〟という語を導入して、教父の身体観を形容してみたい。シンボルは、ギリシア語の〝シュムボロン〟に由来する語である。それは日本語の「割符」と同様であって、ひとつの物品を二つに割り、別離を定められた二人がそれぞれ半片を所有する。そして後日何らかの機縁に二個の部分が付き合わされ、合致した時、所有者達の親しい間柄が証明される。血を分けた姉弟、恋人同士、同郷の友人達……。このようにシンボルの一片がもう一片と合致する時に、一性とか全体性などの意味が発生するのである。そういう本来の用語法に従って、身体は魂のシンボルであると言いたい。身体と魂がひとつに合わされて一人の人間、全き人となる。両者が互いに異質なままで調和する時、より豊かな知性が生れる。その時に健康も心の安定も、正しい思考ももたらされるはずである。真理の探求においても、身体感覚を経由した知識に信頼が寄せられる。こうして教父の提示する理想の人間像は、身体の復権を通じて誕生する、真の全体性を具えた人間なのである。シンボルとしての身体という仕方で、ユスティノスの身体観を受け取っておきたい。

預言者の人間像にたいする解釈によって、教父は、身体論の新しい展望をひらいた。人間の身体や身体行為にもロゴスが宿るのだ、という知の泉がそこで湧き出したのである。そういう理想の人間像は歴史を通じて継承され、やがてロゴスの受肉において完成することとなる。

さて、預言者の言葉と行為を研究する者は、そこにもうひとつの意義を見出すはずである。われわれの教父は、ロゴス論に立って預言者を理解しようとした。すなわち預言とは、預言者を通じてロゴスの語った言葉である。また予型とは、預言者を通じてロゴスの引き起こした予徴の行為である。教父の語るロゴスは力動性を帯びているのだ。もう一度「青銅の蛇の物語」に眼を向けてみよう。その物語には、毒蛇の死の力に対抗する生命の力が語られていた。教父はそこに神秘的な知性を見て取るのであるが、その知性と共に働く命の力に感動するのである。それはロゴスの力と呼んでよい。知と力、ロゴスとデュナミスは一体である。こうして歴史の様々な局面で、ロゴスは人間世界に介入する。その最も高揚した場面で、ロゴスの受肉は起こった。いや、ロゴス・デュナミスの受肉が起こったのである。預言者論、キリスト論と組み合わされて、今度は、ロゴス論自体が変質をこうむることとなった。すなわちロゴス・デュナミス論への変容である。それが、中期プラトン主義のロゴス論と対照すべき点であろう。

最後に、ユスティノスの宗教哲学に関して補足したいことがある。しかし読者を退屈させないために、その内の一点に限って述べてみよう。それは文化の地域性という問題である。文化が地域ごとにそれぞれの特色を持って成立しているとすれば、それに対してキリスト教は何と応えるのであろうか。この教父は万人の内に、「真理の種子」が植え付けられていることを承認する。それによってキリスト以前のキリスト教徒を許容することができた。「ソクラテスはキリスト教徒であった」という言葉も、ソクラテスの内にロゴスに従う生を認めたことによる。このように教父はロゴスの普遍性を語っている。たとえそれがヘレニズム・ローマ世界内の普遍性であるとしても、その範囲内で、ロゴスの普遍的妥当性を認めることにためらいはないのである。その立場から、各地の法と法が相互に矛盾した定めを設けている事実を指摘し、批判している。法と法の食い違いがなぜ生じるのかと言えば、人々がそれぞれロゴスの種子・部分に従っているためである、と言う。言い換えれば十全なロゴスに従う時、この種の相互矛盾は起こらないはずだということである——ここで十全なロゴスとは、受肉したロゴス・キリストを言う。そういう普遍的なロゴスを彼は信じている。とするとこういう問題が生じないであろうか。それぞれの地域文化のなかにも、それぞれの姿でロゴスの全体性が宿されている、と考えてはならないのだろうか。そういう考えを、ユスティノスは否定するであろうか。それとも肯定するのであろうか。あるいは、その情況において否定したとしても、理論的には包容できることなのか。包容できるとすれば、ロゴスは様々な文化の内に受肉していることになろう。ロゴスの普遍性と文化多中心主義とがどう切り結ぶのかという問題である。

人名索引

ナ　行

ハ　行

マ　行

ヤ　行

ラ　行

事項索引

さ　行

た　行

な 行

は 行

ま 行

や　行

ら　行

詳細目次

文献表（抜粋）

I（教父関連テキスト）

[Barnabae Epistula（バルナバ書簡）]

F. X. Funk, K. Bihlmeyer (edd.), *Die apostolischen Väter* I. Didache, Barnabas, Klemens I und II, Ignatius, Polykarp, Papias, Quadratus, Diognetbrief, Tübingen, 1956². (Zweite Auflage mit einem Nachtrag von W. Schneemelcher)

K. Lake (tr.), *Apostolic Fathers* I. I, II Clement, Ignatius, Polycarp, Didache, Barnabas, London, Cambridge Mass., 1970 (=1912). (Loeb Classical Library 24)

三小田敏雄（訳）「バルナバの手紙」『東海大学紀要・文学部』第7輯（1965年），51―71頁.

[Justinus Philosophus et Martyr（ユスティノス著作）]

J. -P. Migne (ed., tr.), *Patrologiae Graecae* Tomus VI, Paris 1857. (Reprend le texte de P. Maran, Paris, 1742)

J. C. Th. Otto (ed., tr.), *Justini Philosophi et Martyris Opera* I-III, Jena, 1876-9³. (Corpus Apologetarum Christianorum saeculi II)

L. Pautigny (ed., tr.), *Justin. Apologies*. Traduction française, Introduction et Index, Paris, 1904. (Textes et documents pour l'étude historique du christianisme 1)

A. W. F. Blunt (ed.), *The Apologies of Justin Martyr*, Cambridge, 1911. (Cambridge Patristic Texts)

J. M. Pfättisch, *Justinus' des Philosophen und Märtyrers Apologien*. I. Teil : Text, II. Teil : Kommentar, Münster i. W., 1912.

E. J. Goodspeed (ed.), *Die ältesten Apologeten*, Göttingen, 1914.

Ph. Haeuser (tr.), *Des heiligen Philosophen und Märtyrers Justinus*. Dialog mit dem Juden Tryphon, Pseudo-Justinus, Mahnrede, Kempten u. Muenchen, 1917. (Bibliothek der Kirchenväter Bd. 33)

A. L. Williams (tr.), *Justin Martyr. The Dialogue with Trypho*. Translation,

Introduction, and Notes, London, 1930.
T. B. Falls (tr.), *Saint Justin Martyr*, New York, 1948. (The Fathers of the Church)
D. Ruiz Bueno (ed., tr.), *Padres Apologistas Griegos* (s. Ⅱ). Introducciones, texto griego, versión española y notas, Madrid, 1954. (Biblioteca de Autores Cristianos)
A. G. Hamman (ed.), *La Philosophie passe au Christ*. L'œuvre de Justin, Paris, 1958. (Tr. de G. Archambault)
I. Giordani (tr.), *Justinus. Le Apologie*, Roma, 1962.
R. P. C. Hanson (tr.), *Selections from Justin Martyr's Dialogue with Trypho, a Jew*, London, 1963. (World Christian Books 49)
H. Ristow (ed., tr.), *Die Apologeten* 1/2, Berlin, 1963. (=Otto)
K. Bayer (ed.), *Justin. Philosoph und Märtyrer*, Die erste Apologie, München, 1966. (Humanitas christiana. Griechische Reihe 1.)
G. Krüger (ed.), *Die Apologien Justins des Märtyrers*, Frankfurt, 1968. (= Tübingen und Leipzig, 1904^3)
A. C. Coxe (tr.), *The Apostolic Fathers with Justin Martyr and Irenaeus*, Grand Rapids, Michigan, 1969 (=Edinburgh, 1885): *The Ante-Nicene Fathers* Ⅰ.
L. Rebuli (tr.), *Giustino. Le Apologie*. Introduzione, traduzione e nota, Padova, 1982.
A. R. Raconne (tr.), *Giustino. Le due apologie*, Roma, 1983.
A. Wartelle (ed., tr.), *Saint Justin. Apologies*. Introduction, texte critique, traduction, commentaire et index, Paris, 1987.
三小田敏雄, 柴田有（訳）『キリスト教教父著作集　第1巻　ユスティノス』, 教文館, 1992年. (『第一弁明』,『第二弁明』,『ユダヤ人トリュフォンとの対話』序文を収録)
上智大学中世思想研究所編『中世思想原典集成1　初期ギリシア教父』, 平凡社, 1995年. (久松英二訳『ユダヤ人トリュフォンとの対話』48—76章を収録)
L. W. Barnard (tr.), *Saint Justin Martyr*. The first and second Apologies, Paulist Press, 1997. (Ancient Christian Writers 56)
《マイクロフィルム版》 Codex Parisinus Graecus 450.

[Philo Alexandrinus（フィロン著作）]

L. Cohn, P. Wendland, and S. Reiter (edd.), *Philonis Alexandrini Opera quae supersunt* Ⅰ-Ⅵ, Berlin, 1962. (=1896-1930)
F. H. Colson, G. H. Whitaker, *Philo* Ⅰ-Ⅹ (and Supplements Ⅰ-Ⅱ), London

and Cambridge Mass., 1929-62. (Loeb Classical Library)

A. Arnaldez, J. Pouilloux et C. Mondésert (edd.), *Les œuvres de Philon d' Alexandrie* 1-37, Paris : Cerf, 1961-.

野町啓，田子多津子（訳）『アレクサンドリアのフィロン「世界の創造」』，近刊.

Ⅱ（現代の研究）

Andresen, C., Justin und der mittlere Platonismus, *ZNW* 44 (1952-53), p. 157-195.

Andresen, C., The Integration of Platonism into Early Christian Theology, *Studia Patristica* 15 (1984), p. 399-413.

Andresen, C., *Logos und Nomos*. Die Polemik des Kelsos wider das Christentum, Berlin, 1955.

Benz, E., Der gekreuzigte Gerechte bei Platon, im Neuen Testament und in der alten Kirche : *Mainzer Akadem. Wiss. u. Lit. Geistesgesch. u. sozialwiss. Kl.*, Ⅻ (1950), S. 1031-.

Benz, E., Christus und Sokrates in der alten Kirche. Ein Beitrag zum altkirchlichen Verständnis des Märtyrers und des Martyriums, *ZNW* 43 (1950-51), S. 195-224.

Chadwick, H., *Early Christian Thought and the Classical Tradition*. Studies in Justin, Clement and Origen, Oxford, 1966.（H. チャドウィク（中村・井谷訳）『初期キリスト教とギリシア思想』，日本基督教団出版局，1983年）

Daniélou, J., *Sacramentum futuri*. Études sur les origines de la typologie biblique, Paris, 1950. (*From Shadows to Reality*. Studies in the Biblical Typology of the Fathers, London, 1960)

Daniélou, J., *Message évangélique et culture hellénistique aux IIe et IIIe siècles*, Paris, 1961.

Deman, Th., *Socrate et Jésus*, Paris, 1944.

土井健司「ロゴスとアロゴス――弁証家ユスティノスにおけるキリスト教迫害とロゴス論」『宗教研究』328号（2001年），27－50頁.

Fédou, M., La figure de Socrate selon Justin, dans : *Les apologistes chrétiens et la culture grecque*, Paris : Beauchesne, 1998, p. 51-66.

Festugière, A.-J., La doctrine platonicienne de la transcendence au IIe siècle (Chapitre Ⅵ), dans : id., *La révélation d'Hermès Trismégiste* Ⅳ. Le Dieu inconnu et la gnose, Paris, 1954[3].

Goodspeed, E. J., *Index Apologeticus*, Leipzig, 1912. (=1969)

Goppelt, L., *Typos*. Die typologische Deutung des alten Testaments im neuen, Darmstadt, 1969. (=1939)

Holte, R., Logos Spermatikos : Christianity and Ancient Philosophy in St. Justin's Apologies, *Studia Theologica* XII (1958), p. 106-168.

Howton, J., The Theology of the Incarnation in Justin Martyr, *Studia Patristica* IX (1966), p. 231-239.

Hyldahl, N., *Philosophie und Christentum*. Eine Interpretation der Einleitung zum Dialog Justins, Kϕbenhavn, 1966. (Acta Theologica Danica 9)

石原謙「教会神学者としてのユスティーノス」『青山学院大学基督教論集』9 (1962年).

Joly, R., *Christianisme et philosophie*. Études sur Justin et les apologists grecs du llᵉ siècle, Bruxelles, 1973.

Louth, A., *The Origins of Christian Mystical Tradition*. From Plato to Denys, Oxford, 1981. (A. ラウス (水落訳)『キリスト教神秘思想の源流——プラトンからディオニシオスまで』, 教文館, 1988 年)

水垣渉『宗教的探求の問題——古代キリスト教思想序説』, 創文社, 1984 年.

森敬之「殉教者ユスチヌスの神学. 教父時代のあけぼの」『宗教研究』70 (1933年), p. 96-107.

野町啓『初期クリスト教とギリシア哲学』, 創文社, 1972 年.

Osborn, E. F., *Justin Martyr*, Tübingen, 1973. (Beiträge zur historischen Theologie 47)

Osborn, E. F., Justin's Response to Second Century Challenges, *Aus BR* 14 (1966), p. 37-54.

Pépin, J., Prière et providence au 2ᵉ siècle (Justin, *DIAL*. I 4), dans : C. Laga (ed.), *Images of Man in Ancient and Medieval Thought*. Studia Gerardo Verbeke ab amicis et collegis dicata, Louvain : Leuven University Press, 1976, p. 111-125.

Pfäthisch, J. M., *Der Einfluβ Platons auf die Theologie Justins des Märtyrers*, Paderborn, 1910.

Pycke, N., Connaissance rationelle et connaissance de grâce chez S. Justin, *EThL* 37 (1961), p. 52-85.

Schmid, W., Frühe Apologetik und Platonismus. Ein Beitrag zur Interpretation des Proöms von Justins *Dialogus,* in : *EPMHNEIA*. Festschr. für Otto Regenbogen, Heidelberg, 1952.

柴田有「二世界論からキリスト教形而上学へ——ユスティノス『トリュフォンとの対話』序文の思索」『明治学院大学キリスト教研究所紀要』27 号 (1994 年), 41—79 頁.

柴田有「『語りえぬ者』について——フィロンとユスティノス」『パトリスティカ』第 4 号 (1998 年), 4—44 頁.

柴田有「『ソクラテスはキリスト教徒であった』という言葉の二面性——ユスティ

ノス『第一弁明』46：3-4」『エイコーン――東方キリスト教研究』27号（2003年），2―22頁.

柴田有「青銅の蛇の物語――予型論の意義をめぐって」『パトリスティカ』第8号（2004年），104―137頁.

柴田有「ロゴスとデュナミス――教父ユスティノスの受肉論に寄せて」『中世思想研究』46号（2004年），17―35頁.

Shotwell, W. A., *The Biblical Exegesis of Justin Martyr*, London, 1965.

Skarsaune, O., *The Proof from Prophecy.* A Study in Justin Martyr's Proof Text Tradition : Text-Type, Provenance, Theological Profile, Leiden : E. J. Brill, 1987.

Tate, J., On the History of Allegorism, *The Classical Quarterly* 28 (1934).

"Type and Antitype" by J. Blenkinsopp, in : *New Catholic Encyclopedia* 14, 1967.

"Typology" by J. R. Darbyshire, in : vol. 12 of J. Hastings (ed.), *Encyclopedia of Religion and Ethics*, Edinburgh, 1926-1976.

"Typological cycles" by E. Sears, in : J. Turner (ed.), *The Dictionary of Art* vol. 31.

van Winden, J. C. M., *An Early Christian Philosopher.* Justin Martyr's Dialogue with Trypho, Chapters one to nine, Leiden, 1971.

Wartelle, A., Saint Justin et les relais de la recherche, dans : M.-F. Baslez, Ph. Hoffmann, L. Permot (edd.), *L'invention de l'autobiographie d'Hésiode à saint Augustin*, Paris : Presse de l'École Normale Supérieure, 1993.

Wartelle, A., *Bibliographie historique et critique de saint Justin et des Apologistes grecs* (1494-1989).

Waszink, J. H., Bemerkungen zu Justinus Lehre vom Logos Spermatikos : *Mullus.* Festschrift für Theodor Klauser, Münster, 1964.

Wey, H., *Die Funktionen der bösen Geister bei den griechischen Apologeten des zweiten Jahrhunderts nach Christus*, Winterthur, 1957.

著者略歴

1942年　東京都に生まれる
1974-80年　東京大学大学院人文科学研究科（西洋古典学）（博士課程単位取得満期退学）
1975-78年　ストラスブール大学大学院人文科学研究科に留学（宗教学博士号）
専　攻　教父哲学，ヘレニズム思想
現　在　明治学院大学教授
著　書　『ヘルメス文書』（共訳，朝日出版社）
『グノーシスと古代宇宙論』（勁草書房）
『キリスト教教父著作集　第1巻　ユスティノス』（共訳，教文館）

教父ユスティノス　キリスト教哲学の源流

2006年 6月20日　第1版第1刷発行

著者　柴《しば》　田《た》　有《ゆう》
発行者　井　村　寿　人

発行所　株式会社　勁《けい》　草《そう》　書　房
112-0005 東京都文京区水道 2-1-1　振替 00150-2-175253
（編集）電話 03-3815-5277／FAX 03-3814-6968
（営業）電話 03-3814-6861／FAX 03-3814-6854
大日本法令印刷・牧製本

ISBN 4-326-10162-8　Printed in Japan

http://www.keisoshobo.co.jp